红色圣地江西

本书编写组◎编

HONGSE SHENGDI JIANGXI

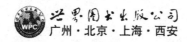

世界图书出版公司
广州·北京·上海·西安

图书在版编目（CIP）数据

红色圣地江西／《红色圣地江西》编写组编 . —广州：广东世界图书出版公司，2011.1（2024.2 重印）
ISBN 978 - 7 - 5100 - 3205 - 9

Ⅰ . ①红… Ⅱ . ①红… Ⅲ . ①江西省－概况 Ⅳ . ①K925.6

中国版本图书馆 CIP 数据核字（2011）第 007674 号

书　　名	红色圣地江西	
	HONGSE SHENGDI JIANGXI	
编　　者	《红色圣地江西》编委会	
责任编辑	冯彦庄	
装帧设计	三棵树设计工作组	
出版发行	世界图书出版有限公司　世界图书出版广东有限公司	
地　　址	广州市海珠区新港西路大江冲 25 号	
邮　　编	510300	
电　　话	020-84452179	
网　　址	http://www.gdst.com.cn	
邮　　箱	wpc_gdst@163.com	
经　　销	新华书店	
印　　刷	唐山富达印务有限公司	
开　　本	787mm×1092mm　1/16	
印　　张	13	
字　　数	160 千字	
版　　次	2011 年 1 月第 1 版　2024 年 2 月第 10 次印刷	
国际书号	ISBN　978-7-5100-3205-9	
定　　价	59.80 元	

前 言

　　江西，因省内最大的河流是赣江，故省名简称"赣"。春秋战国为楚国地，秦属九江，汉为扬州地。唐属江南西道，简称江西道，为政区原始名。宋为两路，元为江西行省。明朝置江西布政使司，清朝为江西省。

　　全省设 7 个省辖市（南昌、九江、萍乡、景镇镇、鹰潭、新余、赣州），4 个地区（上饶、宜春、抚州、吉安）计 70 个县，10 个县级市，19 个市辖区。全省总面积为 16.69 万平方公里，约占全国土地总面积的 1.7%，现有人口 4339 万，其中汉族占 99.93%，少数民族中仅畲族构成群居规模。

　　江西有 9 个国家级爱国主义教育示范基地，60 个省级爱国主义教育示范基地；革命旧居旧址 1500 多处，已列为各级文物保护单位的 400 多处，其中全国重点文物保护单位 9 处。丰富的红色人文景观，加上旖旎的绿色自然景观，使江西成为红色旅游的圣地。

　　在这片土地上孕育了中国革命的摇篮——井冈山、共和国的摇篮——瑞金、军旗升起的地方——南昌、中国工人运动的策源地——安源，等等。这一个个红色经典的称号与地名，在中华人民共和国波澜壮阔的历史长河中，已化作一颗颗与日月同辉的星辰，在红色中国气势磅礴的交响乐中，奏响雄浑激越的华彩乐章。江西给后人留下了许多宝贵的历史、文物资源，是进行观光旅游和进行爱国主义教育、革命传统教育的理想佳地。

《红色圣地江西》分两大部分为你详述江西的风采：第一部分为江西概述，介绍了江西的历史沿革、地理面积、交通状况、气候特征、资源状况、经济产业、文化名人、美食特产、民族分布等基本情况，让你初步认识江西；第二部分为主要城市风情，讲述了江西主要城市的基本情况、历史沿革、特色特产、民俗节庆、美食餐饮、旅游景点等，让你更详尽的了解江西并领略它绚丽的风采。

编 者

目　录

一 江西概述

（一）历史沿革

江西开发的历史，从出土文物考证，可以上溯到距今一万年以前。而江西作为明确的行政区域建制，则始约于公元前 202 年（汉高帝初年）。时设豫章郡（赣江原称豫章江），郡治南昌，下辖 18 县，与后来的江西省区大致相当。汉武帝时划全国为 13 个监察区，称 13 部州，此时的江西属扬州部。

公元 291 年（即西晋元康元年），改设江州，其主体为江西地区原有郡县。隋朝曾作行政区划调整，州的级别降与郡同，因而隋代的江西地区设有 7 郡 24 县。至唐时增加到 8 州 37 县。贞观元年唐太宗划全国为 10 道监察区，玄宗时增为 15 道，洪、饶、虔、吉、江、袁、抚、信 8 州隶属于江南西道监察区。

五代时期，江西地区先辖于吴后辖于南唐。在这个时期出现了相当于下等州的新的行政区划 6 州、4 军、55 县。交泰元年，建南都于洪州，并因此升洪州为南昌府。宋代在州之上改道为路，江西地区被置 9 州、4 军、68 县，其大部分隶属于江南西路，另有一部分隶属于江南东路。

元朝开始确立行中书省制度（简称行省或省）。江西行省辖区远远大于今天的江西省区。除包括了今江西绝大部分地区外（原江西东北地区隶属于江浙行省），还包括了今天广东省的大部分。

明朝虽然基本上保留了元朝的省区建制，但改行中书省为布政使司（习惯上仍然称省），改路为府和改州为县。江西布政使司辖南昌、瑞州、饶州、南康、九江、广信、抚州、建昌、吉安、袁州、临江、赣州、南安13府，下辖78县，地域基本等同今天的江西省区。宣布政使司、提刑按察使司、都指挥使司为江西布政使司的最高行政机关，三司分别由中央直接节制，分权而治，互不统属。

清朝改江西布政使司为江西省，行政区域基本承袭明建制。另在吉安府增设莲花、南昌府增设铜鼓、赣州府增设虔南等3个县级厅，同时升宁都县为省辖直隶州。巡抚成为全省最高行政长官，下设承宣布政使司和提刑按察使司，分管民政、财政与司法监察。

民国时期，清朝的府、州、厅一律改为县。江西省共辖81县。至1926年北伐军进驻南昌时正式设南昌市。1934年从安徽划婺源县入江西，1947年划回安徽，1949年再次划归江西。

第二次国内革命战争时期，中国共产党领导人民群众先后在江西建立了大片革命根据地。其中著名的有赣西井冈山革命根据地（包括宁冈、永新、莲花3县和吉安、安福、遂川与湖南酃县的一部分）、湘赣革命根据地、赣东北革命根据地（包括弋阳、横峰、贵溪、德兴、余江、万年、上饶、铅山等县，后发展为闽浙赣革命根据地）以及包括铜鼓、修水、万载、宜丰等县的湘鄂赣革命根据地。当时的中央革命根据地在赣南和闽西地区的21县（包括江西的瑞金、安远、信丰、广昌、石城、黎川、宁都、兴国、于都、会昌、寻乌等11县），中华苏维埃共和国临时中央政府设在瑞金，故瑞金有红都之称。

中华人民共和国成立后，江西省的行政区划曾经有过多次调整和变动。南昌市为江西省的省会。

（二）地理面积

具有"物华天宝、人杰地灵"誉称的江西省位于长江中、下游南岸，省内最大、最长的河流——赣江，自南而北纵贯全省，故而江西省简称为"赣"。

　　江西全省东、南、西三面环山，北部临江。整个地势由外向里、由南向北倾斜，境内除北部较为平坦外，东西南部三面环山，中部丘陵起伏，成为一个整体向鄱阳湖倾斜而往北开口的巨大盆地。全境有大小河流2400余条，赣江、抚河、信江、修河和饶河为江西五大河流。

　　全省面积16.69万平方公里，总人口4339万，共设南昌、赣州、吉安、上饶、抚州、九江、宜春、景德镇、萍乡、鹰潭、新余等 11 个设区市，10 个县级市：德兴市、贵溪市、乐平市、井冈山市、樟树市、丰城市、高安市、瑞金市、瑞昌市、南康市，70 个县，19 个市辖区，省会南昌。

（三）交通状况

江西区位优越、交通便利。地处中国东南长江中下游南岸。东临浙江、福建，南连广东，西靠湖南，北毗湖北、安徽而共接长江；上通武汉三镇，下贯南京、上海，南仰梅关、岭南而达广州。江西为长江三角洲、珠江三角洲和闽南三角地区的腹地，与上海、广州、厦门、南京、武汉、长沙、合肥等各重镇、港口的直线距离，大多在 600～700 公里之内。

江西民用航空运输发展迅速。目前，已形成了一个以南昌为轴心，自北向南，以九江、樟树、泰和、吉安、景德镇、赣州连接全省和全国各地及香港的航空运输网，除南昌机场外，江西还有九江、赣州和景德镇 3 个民航机场。

全省铁路以京九、浙赣、皖赣、鹰厦、武九 5 条铁路为骨干，另有横南、向乐、分文、弋樟、张塘、张建、新泰等支线。

江西省公路四通八达，省会城市南昌北往九江、南至樟树的高速公路已建成通车。梨温高速公路也已通车，沿 320 国道进江西省就能上高速公路，直达南昌市和庐山等地方。此外，省内还有 6 条国道，分别是东西向的 316 国道（福州至兰州）、319 国道（厦门至成都）、320 国道（上海至云南瑞丽）、323 国道（瑞金至云南澜沧）和南北向的 105 国道（北京至珠海）、206 国道（烟台至汕头）。其中 105 和 206 国道双双纵贯江西。

江西水路运输发达，水运干线形成两纵两横的格局：赣江和信江为两纵，长江和昌江为两横，全省通航里程 4937 公里。

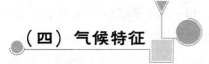

（四） 气候特征

江西春季回暖较早，但天气易变，乍暖乍寒，雨量偏多，直至夏初；盛夏至中秋前晴热干燥；冬季阴冷但霜冻期短，尤其是近年，暖冬气候明显。由于江西地势狭长，南北气候差异较大，但总体来看是春秋季短而夏冬季长。全省气候温暖，日照充足，雨量充沛，年均降水量 1341 毫米到 1940 毫米，无霜期长。

全年平均气温 18℃ 左右。赣东北、赣西北和长江沿岸年均气温略低，约在 16～17℃ 之间；滨湖、赣江中下游、抚河、袁水区域和赣西南山区约在 17～18℃ 之间；抚州、吉安地区南部和信江中游约在 18～19℃ 之间；赣南盆地气温最高，约为 19～20℃ 之间。

全年全省极端最高温度南北差异不大，甚或略呈北高南低现象，但几乎都接近或超过 40℃，个别县区日最高气温曾经达到过 44.9℃。极端最低气温则南北差异较大：九江大部分地区在 -12～-14℃ 之间，个别县区还出现过日最低气温 -18.9℃ 的极端最低值；赣南则在 -5℃ 左右，全省其他地区一般在 -7～12℃ 之间。

除庐山外，全省年均风速为每秒 1 米到每秒 3.8 米，最小为德兴市，最大为星子县。年均大风日 0.5 天到 28.5 天，最少为宜黄县，最多为星子县。鄱阳湖滨、赣江、抚河下游和高山顶及峡谷区风能资源较为丰富，年均风速在每秒 3 米到每秒 5 米。

全省主要自然灾害有寒害、洪涝、干旱和冻害以及持续时间较为短暂的高温危害等。

（五） 资源状况

江西生态良好、资源丰富。全省有 1 处世界文化遗产（庐山）、

2 处世界地质公园（庐山、龙虎山）；11 个国家级风景名胜区，25 个省级风景名胜区；8 个国家级自然保护区，22 个省级自然保护区；39 个国家级森林公园，60 个省级森林公园。有全国最大的淡水湖鄱阳湖和风景如画的柘林湖、浓淡相宜的仙女湖等。全省森林覆盖率 60.05%，居全国前列。江西矿产资源丰富，已发现的矿产有 171 种，已探明储量的有 111 种，保有储量居全国首位的有 12 种，居前十位的有 66 种。

江西风景名胜繁多，文化资源丰富。庐山、井冈山、三清山、龙虎山 4 个国家级风景名胜游览区名扬天下。著名寺庙有九江能仁寺、吉安净居寺、云山真如寺、庐山东林寺，著名道观有贵溪天师府，为道教天师道的祖庭。古代书院以白鹿洞书院、鹅湖书院、白鹭洲书院为代表。有南昌市、景德镇、赣州等国家级历史文化名城。丰富的旅游资源使得江西在观光旅游、探亲访友旅游等方面都有巨大的优势。

特色旅游主要有：风景名胜之旅、世界珍禽观奇之旅、中国陶瓷考古游、橘乡民俗游、文化名人故居游、革命传统考察游、江西名人名胜徒步游、佛教净土宗和禅宗之旅、道教朝圣游、一江两湖三名楼之旅等。

江西矿产资源丰富。在中国已探明储量的 220 多种矿产中，江西有 101 种，保有储量居中国前十位的有 54 种。其中铜、银、钽等 10 种居第一位，钨、金、钪等 9 种居第二位，铋、普通萤石、硅灰石等 6 种居第三位。铜、钨、银、钽铌、铀、金、稀土被誉为江西的"七朵金花"。亚洲最大的铜矿和中国最大的铜冶炼基地分别为江西的德兴铜矿和贵溪冶炼厂。大理石、高岭土、花岗石、萤石等非金属矿产储量也非常丰富。

（六）经济产业

江西产业齐备、特色鲜明。江西农业在全国占有重要地位，是新中国成立以来全国两个从未间断向国家贡献粮食的省份之一。

生态农业前景可喜，绿色农产品正成为重要增长点，全省绿色食品数量达 916 个，居全国前列；有机食品数量 415 个，居全国第一位。农业产业化水平不断提升，省级以上农业产业化龙头企业 273家，其中国家级 14 家。

进入新世纪以来，江西大力实施以新型工业化为核心的发展战略，汽车航空及精密制造、特色冶金和金属制品、中成药和生物制药、电子信息和现代家电产业、食品工业、精细化工及新型建材等六大支柱产业有了较好的基础。近来，光电、高精铜材、优特钢材、特种车船、精密机械、生物医药、特色化工、绿色食品、度假旅游、新型服务等产业呈现了良好的发展势头。

各项社会事业全面发展。全省基本普及九年制义务教育，基本扫除青壮年文盲。非义务教育和职业教育迅速发展，高校招生规模不断扩大。全省现有高等学校 34 所，高校招生达 7.6 万人。南昌大学进入国家 "211 工程"。科技成果不断涌现，全年专利申请量达到 1700 件，技术贸易成交额达到 8 亿元。稀土应用工程、水稻转基因、蓝色发光材料、乳酸生物技术、种畜特异性免疫生物工程等研究取得重大进展。文化、体育、卫生、广播电视、新闻出版、社会福利事业一系列工程建成投入使用。

（七）文化名人

江西红色文化闻名中外。井冈山是中国革命的摇篮，南昌是中国人民解放军的诞生地，瑞金是苏维埃中央政府成立的地方，安源是中国工人运动的策源地。第二次国内革命战争时期，江西籍有名有姓的革命烈士就有 25 万多人，占全国的 1/6，为中国革命胜利作出了重大贡献。

江西名人辈出、文化璀璨。在中华文明的历史长河中，江西人才辈出，唐宋八大家，江西有其三：欧阳修、曾巩、王安石。宋代还有诗人黄庭坚、杨万里、晏殊、晏几道、文天祥、姜夔，哲学家朱熹、陆九渊；明代有《永乐大典》主编解缙、戏曲家汤显祖、科学家宋应星。近现代有工程师詹天佑、革命家方志敏、物理学家吴有训、数学家王梓坤以及众多院士和解放军将领。

（八）美食特产

江西菜点包括南昌、九江、景德镇及井冈山等地区的特色风味，总的来说，江西菜善烹山珍野味和水产，菜品色重油浓，喜好辣椒，口感肥厚。南昌、九江等地的菜肴讲究配色、造型以及多样化的烹调方法，口味也较丰富。而边远山区的烹调则讲究火功，菜肴朴实量足，注重原味，尤其是各地的土产制馔，口味淳厚，充满乡情。

江西的风味小吃和面点的品种也较多，制法各异，颇有特色。江西著名的风味菜点有：三杯子鸡、香质肉、冬笋干烧肉、藜蒿炒腊肉、原笼船板肉、浔阳鱼片、炸石鸡、兴车豆腐、米粉牛肉、金线吊葫芦、信丰萝卜饺、樟树包面、黄元米果等等。

江西资源丰富，盛产稻米，为我国主要商品粮基地之一，鄱阳湖、赣江等江湖水域盛产鱼类，素有江南"鱼米之乡"之称。

樟树的四特酒，周恩来总理赞誉为"清、香、醇、纯"，四特酒由此而得名。庐山云雾茶、中华猕猴桃、赣南脐橙、南安板鸭、泰和乌鸡、江铃汽车、凤凰相机、金圣卷烟等，列入中国驰名商标的品种有9件。

赣州市山地特产赣南蜜瓜，九龙茶，花姑，山香园片，安远相橘，红瓜子，红砂糖，中华猕猴桃，绿凉苦瓜酒。吉安县山地特产吉安樟脑，吉安樟木箱，大汾折扇，泰和乌骨鸡。遂川狗牯脑茶叶，曾获巴拿马国际食品博览会金奖。南丰蜜橘，历史上是皇室贡品。江西萍乡烟花远销日本、美国、香港、法国、德国、泰国等三十几个国家和地区。芦溪出口烟花厂更被国外誉为火箭之乡。

铅山连史纸，是江西历史悠久的传统名产。驰名中外的龙尾砚是我国四大名砚之一。产于婺源县的龙尾山，惯称龙尾砚。从唐代开元年间开始，已经有1200多年的历史。

共青城的羽绒制品，余江木雕、吉安樟木箱、河口竹编等，皆行销国内外。素有"瓷都"之誉的景德镇的瓷器则更是名扬天下，为国内外旅游者乐意采购的旅游商品，以"白如玉、明如镜、薄如纸、声如磬"的特色闻名中外，中国的英文名"CHINA"就来源于国外对中国瓷器的认识。江西李渡毛笔已有一千七百多年的生产历史，博得了历代诗人墨客的青睐赞誉。婺源县的婺墨也以"落纸如漆，万载存真"的特色受到世人的推崇。

（九）民族分布

江西全省共38个民族。其中汉族人口最多，占总人口的99%以上。少数民族中人口较多的有回族、畲族、壮族、满族、苗族、瑶族、蒙古族、侗族、朝鲜族、土家族、布依族等，其中人口最多的为回族和畲族；还有白族、彝族、黎族、高山族、藏族、水族、傣族、毛南族、纳西族、锡伯族、土族、哈尼族、羌族、仫佬族、维吾尔族、傈僳族、达斡尔族、仡佬族、裕固族、京族、独龙族、拉祜族、景颇族、布朗族、俄罗斯族和基诺族等。

少数民族中畲族聚居，主要分布在铅山太源畲族乡和贵溪樟坪畲族乡等地以及永丰、吉安、兴国、武宁、德安、资溪、宜黄、乐安等市县的30多个畲族乡村；瑶族部分聚居，如全南瑶山、喇叭山等；其他各少数民族均为散居性质。

二 主要城市风情

（一）南昌市

1. 概述

南昌之名始于西汉，取"南方昌盛"之意，是江西省省会，全省政治、经济、文化中心。

南昌有着 2200 多年的历史和深厚的文化底蕴，是中华人民共和国国务院命名的"历史文化名城"。南昌不仅是生态环境优美的"江南水乡"，还是中国共产党之"军旗升起的地方"。多次荣获中华人民共和国的"全国文明城市"、"全国卫生城市先进市"、"中国优秀旅游城市"，"全国双拥模范城"称号。

南昌人口 378 万（据 98 统计数据），37 个民族。辖 5 个市辖区：东湖区、西湖区、青云谱区、湾里区、青山湖区，以及南昌经济技术开发区（昌北区）、南昌高新技术产业开发区（高新区）、红谷滩新区、桑海经济技术开发区和英雄经济技术开发区；4 个县：新建县、南昌县、进贤县、安义县。

南昌地处江西省中部偏北，长江南岸、赣江、抚河下游，濒临我国第一大淡水湖鄱阳湖。全境以平原为主，东南平坦，西北丘陵起伏，南北长约 112.1 公里，东西宽约 107.6 公里。总面积约 7432.18 平方公里，平原约占 35.8%，水域约占 29.8%，岗地、低丘占 34.4%。全市平均海拔 25 米，城区地势偏低洼，平均海拔 22

米。西部是西山山脉，最高点梅岭主峰洗药坞，海拔841.4米。

南昌市属亚热带季风区，气候湿润温和，雨量充沛，四季分明，春秋短，夏冬长。据历年统计资料显示，年平均气温17.5℃，极端最高气温40.6℃，极端最低气温9.3℃。日照率为43%。年平均风速2.5米/秒。年无霜期291天。冬季多偏北风，夏季多偏南风。

全市水网密布。赣江、抚河、锦江、潦河流过境内，湖泊众多，有军山湖、金溪湖、青岚湖、瑶湖等数百个大小湖泊；市区东北有艾溪湖、青山湖和贤士湖；城内得天独厚的东湖、南湖、西湖和北湖等风景湖，更显江南水乡风采。

南昌地处长江中下游，鄱阳湖西南岸，是唯一一个与长江三角洲、珠江三角洲和闽东南经济区相毗邻的省会城市，承东启西，纵贯南北。京九、浙赣、皖赣三条铁路线交汇于此，是京九线上唯一的省会城市；105、320、316国道纵贯南昌；昌北国际机场可达全国各大城市；水运经赣江入长江出东海。从经济学意义上看，南昌已成为国际和东部沿海发达地区产业梯度转移的理想地区。

南昌的自然环境优美，山环水绕，风光绮丽。西挽西山，北望梅岭，赣江穿城而过，"城在湖中，湖在城中"。文化底蕴深厚，有着众多国家级、省级重点文物保护单位。南昌又是一座具有光荣革命传统的英雄城市，1927年8月1日，周恩来、贺龙、叶挺、刘伯承等同志在这里发动了震惊中外的南昌起义，开创了中国共产党独立领导武装斗争和创建人民军队的新纪元。"八一"南昌起义举世闻名，中国人民解放军由此诞生，由此，南昌又有"英雄城"之美称。

改革开放后，南昌旅游业发展迅猛，许多古迹文物修复一新，江南名楼滕王阁又重建屹立于赣江之滨，给古城增添了无穷魅力。近年来，梅岭、青山湖风景区等旅游场所相继开发，南昌成为中外旅游者参观、学习、游览的热点城市。

2. 历史沿革

6000多年前，南昌就建有若干个原始居民点。至3000年前，南起青云谱北至艾溪湖，形成了古代南昌居民的聚集区。

公元前 202 年，汉高祖刘邦命颖阴侯灌婴驻守南昌一带。次年（公元前 201 年），灌婴率部在今南昌火车站东南约四公里的皇城（黄安）寺附近修建了一个方圆 10 里 84 步、辟有 6 门的土城，时人称之为灌城，系南昌建城的开始。汉高祖六年（公元前 201 年）析九江郡置豫章郡，并设南昌县为附郭县，属扬州，南昌之名始此。

隋开皇九年（589 年）罢郡置洪州，大业三年（607 年）复为豫章郡。唐武德五年（622 年）复为洪州，贞观初属江南道，开元二十一年（733 年）属江南西道，天宝元年（742 年）改洪州为豫章郡，至德元年（756 年）豫章郡更名为章郡，乾元元年（758 年）再称洪州。五代南唐中主交泰二年（959 年）升洪州为南昌府。

宋开宝八年（975 年）复名洪州，天禧四年（1020 年）属江南西路，隆兴元年（1163 年）为隆兴府。元至元十四年（1277 年）置隆兴路，二十一年更名龙兴路，至正二十二年（1362 年）改为洪都府，次年更名南昌府。明洪武三年（1370 年）南昌、新建 2 县同城而治。

1914 年为豫章道。1926 年北伐军攻克南昌后开始设市。撤道，析南昌、新建县治置南昌市，由省直辖。

1949 年 5 月 22 日中华人民共和国接管南昌政权，成为中华人民共和国的江西省辖市、江西省人民政府驻地。1955 年南昌市设东湖、西湖、胜利、抚河 4 区。1958 年增设青区，南昌专区南昌（驻莲塘镇）、新建（驻生米镇）2 县交由南昌市领导。1961 年增设郊区，南昌、新建 2 县划归宜春专区。1971 年南昌、新建（驻长堎镇）2 县再次划入。1980 年撤销胜利、抚河 2 区。1981 年增设湾里区。1983 年宜春地区安义县、抚州地区进贤县来属。

3. 特色特产

南昌瓷板画像：瓷板画像源远流长，是工艺美术的奇葩。它融中西技艺于一体。在南昌市民间有着浓厚肥沃的土壤，除了由于工艺美术厂的艺人们成批绘制外，市内的大街小巷中，许多个体的民间艺人也以绘制瓷板画像为职业。这些大店小铺中瓷像高悬，琳琅满目，形象逼真。瓷板画像柔中寓刚，静中有动，虚中藏实，状物传神，力透板背，色调对比强烈，笔触十分细腻，具有浓厚的民族风格，给人以强烈的艺术感受。瓷板画像的制作十分严格，首先须在白瓷坯上用画笔勾勒出画像的轮廓，然后精绘细修，再在板面上施一层透明釉，最后入窑经高温一次烧成定型。这样做出的瓷板画橡上有一层保护釉，具有耐潮湿、耐日晒、久不褪色等特点。

李渡毛笔：李渡毛笔已有1700多年的生产历史。传说秦代蒙恬发明"柳条笔"不久，咸阳人郭解和朱兴由中原流入江西临川李渡一带，传授制笔技艺。经过世代相传，逐步形成一套独特的制笔工艺，博得了历代文人墨客的青睐。晋代著名书法家王羲之担任临川内史时，对李渡毛笔爱不释手。他的书法珍品有不少是用李渡毛笔书写的。由于王羲之的缘故，李渡毛笔名声大振。新中国成立后，在进贤县李渡镇成立了专业化的毛笔生产厂。

李渡毛笔品种繁多，式样新颖，大小齐全，长短兼备。品类有狼、紫、鸡、羊，兼五毫；装潢分黑、白、花、炕四管；笔锋则有红、绿、黄、白、青、蓝、紫七色。近年来制作的"纯净紫毫"、"七紫三羊"、"墨翰"等名牌传统产品，风靡日本、菲律宾、新加坡等国家。受欢迎的出口品种还有"书家妙品"、"百花争艳"、"进贤独秀"、"白云狼毫"、"羊毛小楷"、"极品纯净狼毫"等19个。目前李渡毛笔的年产量达120万支以上。

丁坊酒：丁坊酒是江西传统的甜型黄酒，以南昌县丁坊村所产品质最佳，故名"丁坊酒"。酒度18~20度，糖分为16%~18%，酒色清亮金黄，香气浓郁，入口香绵，鲜甜醇厚，平和纯正。酌量饮之，有清心明目、心旷神怡之效。畅销北京、上海、深圳等地，颇受消费者喜爱。

丁坊村地处抚河下游。丁坊酒所以受人称道,除其酿酒用水清洁甘甜,无异味,含矿物质高外,还与其独特的酿酒工艺有关。据《南昌县志》记载:俗以重阳酿,取酒与糟贮于瓮,以泥封之,久而开瓮者益浓。现在丁坊酒以优质糯米为主要原料,经过浸米、冲洗滴干、蒸煮喷水、热饭降温、加曲下缸、糖发酵、拓酒储陈等道工序,贮藏一年以上才为成品。

李渡高粱酒:李渡高粱酒是江西省的传统名酒,已有两百多年酿造历史,因产于南昌进贤县李渡镇而得名。该酒度数为56度。酒色清透,芳香浓郁,味正醇甜。畅销全国市场,深受广大消费者的喜爱,1962年被评为江西名酒。

据县志载:清代中叶,李渡就有以当地特产的优质糯米为原料酿制烧酒的习惯。到了清朝末年,李渡万茂酒坊广集民间酿酒技术,在糯米酒的基础上,引进了用大米为原料,用大曲为糖化发酵剂,用缸、砖结构老窖发酵制白酒的新工艺。李渡高粱酒由此而发展起来,制酒作坊也随之增至七家。由于酒味醇浓纯净,清香扑鼻,名声大振,销路日广。全镇最高产量曾经达到四十万斤,畅销赣、浙、鄂、皖等省。李渡镇地处抚河中下游,紧靠抚河堤岸,环境优美,土地肥沃,米质好,是酿酒的上好原料。更有那终年清澈透明的地下水,清洌甘甜,含有微量矿物质,是难得的制酒用水。

甲鱼:甲鱼又称鳖、团鱼,是一种卵生两栖爬行动物,头像龟,但背甲没有乌龟般的条纹,边缘呈柔软状,颜色墨绿。甲鱼常在水底的泥沙中生活,喜食鱼、虾等鲨小动物,青草,谷物等也吞食。在江西省各地的江河湖泊、山塘水库中都有甲鱼的踪迹。其中以全国第一大淡水湖的鄱阳湖为最多,品质亦最佳。江西省甲鱼多以野生为主。10年前,南昌市郊区大吉岭水库建起了我省第一个人工繁殖甲鱼基地,现有甲鱼数已逾万只,成了一项颇有前途的养殖业。

银鱼:银鱼古名"脍残鱼",是鱼类中较小的一种。银鱼细长光滑,全身银白,呈肉色,晾干后质地雪白,透明,因而得名。银鱼肉细嫩，味鲜美，含有丰富的蛋白质，营养价值很高，是人们喜爱的佳肴，堪称河鲜之首。银鱼的药用价值也很高，无论于鲜，都具有益脾、润肺、补肾、增阳、去虚、补益等功能，是上等滋养补品。鄱阳湖银鱼的主要产区之一，这里水面辽阔，水深岩多，为银鱼的繁衍、生长提供了优越的自然条件。鄱阳湖银鱼出产丰富，是国内外市场的畅销产品。

珍珠：珍珠，自古以来不仅是贵重装饰品，还是珍贵的花材，具有安神定惊，清热益阳，明目解毒，润泽肌肤等药疗效用。在国际市场上一直是昂贵商品。江西珍珠，是通过我省出产的三角帆蚌外套膜表皮细胞不断分泌的珍珠质，层积围绕而生成的。先后在鄱阳湖滨的新建、南昌、进贤等地，建立了 110 多个人工育珠基础。1980 年，全省生产珍珠 4300 多斤。

梨瓜：江西梨瓜，是我国甜瓜中的珍品。瓜色洁白，外形像梨。吃起来水灵、香甜。每只瓜重一至两斤。其大小、形状与著名兰州白兰瓜很类似，但又不尽相同。白兰瓜吃肉不吃皮，浓甜如蜜；江西梨瓜属于薄皮瓜，不仅肉好吃，而且皮极薄，带皮吃依然香甜宜人，没有余渣。"脆、甜、香"三个字恰当地概括了江西梨瓜的特点。梨瓜原产江西省上饶地区，具有悠久的历史，由于品质佳，适应性强，应市时间早且长，逐渐推广开来。目前，全省都有种植，是夏季主要瓜果之一，届时，南昌大街上到处都能买到。

枇杷：枇杷又名卢橘、金丸，生在南国，已有两千多年历史，枇杷上市正值水果淡季，因此备受人们欢迎，是初夏里最受人喜爱的水果。南昌安义县所产的枇杷，果实圆形，表皮薄嫩，肉质厚实，鲜甜微酸，汁多爽口，风味独特。而且它还含有丰富的蛋白质、脂肪、维生素 C 和糖、钙、镁、铁等成分，营养价值很高。

4. 民俗节庆

历史古城南昌弥漫着新旧兼容的文化气息，中外文化风情并存，浓厚的传统习俗及欢快的节日气氛同在，民间彩茶戏、高跷舞充满地方色彩，各种风格的文化表演五彩缤纷。

求子：江西南昌地区的求子风俗很具地方特色，古时南昌，在西湖区的中心处有一高土桥，桥上有石柱栏杆 12 根，每年八月十五之夜，妇女们来到桥上，待月至中天，便用手在高桥两旁的石柱上抚摸，甚至纳入怀中，据说如此这便可生男孩。

"六月六晒龙袍"：传说每年农历六月初六，是龙王爷及寺庙菩萨晒衣袍的日子，这天"阳气"足，气候干燥，经六月六日晒过的衣物，不会发霉，不会被虫蛀。所以这一天，家家户户都要翻箱倒柜，将家里所有的衣物全搬出来晒。这一习俗，实际上也是对太阳的一种崇拜。

采茶戏：赣南采茶戏是江西地方戏曲之一。它是由民门采茶灯和民间灯彩相结合发展演变而成，后又吸收了南昌地区的民间舞蹈并与之相结合。南昌采茶戏表演诙谐风趣，唱腔优美深情，有着浓郁的南昌乡土气息。

茶馆文化：南昌人历史上就有在茶馆聚会的习惯。据传，南昌摆茶铺，开茶庄也有千年的历史。江南一带数南昌茶馆最多，规模也最大。以新中国成立前夕的南昌为例，当时人口还不过 20 多万，而茶馆却开有 200 多家，遍布在全市四面八方，各个角落。在以江南才子王船山命名的船山路一条街上，就开有宝华楼、聚贤楼、陈源发 3 座大茶楼，相隔不到 300 米，各自都设有 400 ~ 500 个座位。靠闹市区，有德春园、春园阁大茶楼，靠东、靠北还有福裕楼、万花楼、四海全、福兴润、杏花园等大茶楼。其中福裕春茶馆，就有号称南昌市半员外之说。每天，熙熙攘攘的人们从早上 8 ~ 12 点，下午 3 点到晚上 10 点，都聚于各家茶馆，他们当中有的来商定婚丧大事，有的来调解民事纠纷，有的来洽谈生意，还有的来联系劳工等等。为了扩大茶馆的生意，茶馆老板还请来了说书、说唱艺人。有的书一说，不是一年便是半载，所以老茶客常年不断，新茶客逐渐增多。近年来，南昌的茶馆已开始逐渐恢复。目前，市区有茶馆近20家。南昌八一公园、人民公园、绳金塔、王家巷等地段的茶馆规模较大，茶客也多。现在，许多已退休的老人，各地来往的旅客，也都愿意聚会在茶馆，喝上一壶，叙旧、谈天、下棋、听说书、清唱。

除了元宵节、清明节、端午节、中秋节、重阳节、春节等传统节日，南昌还有其他一些地方节庆。

每年8~10月在南昌八一广场举行中国红歌会。"红歌"指红色革命歌曲，包括五四运动以来中国各历史时期的革命歌曲如红军歌曲、抗日歌曲、解放歌曲、社会主义建设时期、改革开放时期歌曲以及世界各国革命经典歌曲等。活动分三期举行，前期飙歌、主场晚会、后期巡演。

每年9~10月在南昌八一广场举办的绳金塔庙会。绳金塔下的古戏台上，天天好戏连台，让众多戏迷过足了戏瘾；绳金塔公园四周的食品特色一条街、日用百货一条街、全国特色小吃一条街和文化旅游一条街令人眼花缭乱。

每年9~10月在南昌青山湖区举办的天香园旅游文化节。活动内容包括盛大开幕式、电影晚会、灯彩、文艺表演、奇石文化展、美术书法展等活动。

每年9~10月在南昌青山湖区和每年10月在进贤县举行的鄱阳湖螃蟹节。螃蟹节期间将安排螃蟹王（后）评选、招商项目签约、螃蟹及特种产品展销会、参观河蟹良种培育基地及大型焰火晚会等多项活动。

每年10月在南昌市八一大道举办中国南昌军乐节。由来自世界各地军乐团参加的开幕式、军乐巡游、社区义演、晚会、社区义演和参观等活动。

南昌是一个新旧文化兼容的城市。除了一些传统习俗及节日外，充满现代气息的歌舞厅、夜总会、娱乐总会、酒吧也已遍布大街小巷。每当夜幕低垂，南昌便被五颜六色的霓虹灯装扮起来，整个城市妩媚妖娆，遍布街头巷尾的歌舞厅、夜总会、娱乐总会、酒吧灯影摇曳，竞相争妍。各种高档宾馆酒店的娱乐节目丰富多彩，可使游客边吃边看，富有情趣，此类娱乐场所一般营业到次日凌晨 3 点左右。

南昌有多处保龄球馆，还有英式、美式台球，常客或申请为俱乐部成员者，会得到许多服务和价格上的优惠。此外，南昌市区和县城均设有桑拿理疗中心，配有完善的服务系统，提供健康按摩服务，还可根据宾客的要求，提供不同档次的特殊服务。星明辉外商俱乐部、灌城度假村、翠林高尔夫度假酒店、艾溪湖度假村、京东水上乐园等，是休闲娱乐、领略南昌独特韵味的首选场所。

5. 美食餐饮

南昌菜是赣菜菜系的主要组成部分，为江西的三大地方菜之一，历史悠久，在中国菜肴中有一定地位。它用料广泛，主料突出，刀工精细，分色配菜。制法上以烧、焖、炖、蒸见长，注重维持原汁原味，在质地上讲究辣、烂、脆、嫩。

南昌菜主要特点是量大、油厚、酱油色偏浓、偏咸、香、辣。南昌以赣菜为其主流菜系，酥烂脆嫩，鲜香可口，咸辣适中。滕王阁上王勃欣命"洪都鸡"，白居易感怀"思乡鱼"，朱元璋饿吃"流浪鸡"，都是赣菜与名人的佳话。

南昌的特色菜有赣味乳狗肉、匡庐石鸡腿、藜蒿炒腊肉、酿冬瓜圈、鄱阳湖狮子头、三杯狗肉、三杯脚鱼、五元龙凤汤、豫章酥鸭、竹筒粉蒸肠、瓦缸煨汤等。不过，现在很多特色菜已经没有了，目前南昌是新派赣菜一统天下，其中又以民间及独一处的几家连锁店为代表。家乡锅巴、麻辣烫、南昌米粉、石头街麻花、油炸小品等是当地的民间小吃。

米粉蒸肉：南昌人每年立夏前后都喜欢蒸上一碗米粉蒸肉，据说立夏日吃了不会生痱子。人们把大米加八角、桂皮等香料炒熟后研磨成粉，将五花肉切成厚片浸渍上辣椒油、酱油，再加白糖、料酒、味精等调味品，然后倒入米粉拌匀，再将粘满米粉的肉一片片叠在碗内，上笼蒸熟至烂，吃时将肉扣在盘内即可。有的在肉内又拌入适量豌豆，使菜有粉香，又有豌豆清香，荤素鲜腻，别有风味。

三杯鸡：因烹调鸡块时加入甜米酒、猪油、酱油各一小杯，不放汤水，用炭火将鸡块炖熟，故名。"三杯鸡"的来源，据说是厨师在外地偶然发现，回昌后，烹制方法又作了改进，调料中增加了香葱、生姜等，用小砂锅加盖放在炭炉上慢火炖制。上桌后满座飘香，砂锅内鸡块色泽发红，鸡肉鲜美，汤汁香醇，且为原味，深受欢迎。

藜蒿炒腊肉：藜蒿是鄱阳湖内的一种水中野生植物，藜蒿季节性很强，谚云："三月藜，四月蒿，五月当柴烧"。每年阳春三月，南昌人特别偏爱用其炒腊肉，有俗话说"鄱阳湖里的草，南昌城里的宝"。腊肉金黄，藜蒿青绿，脆嫩爽口，有一股特别的清香味道。

鳅鱼钻豆腐：这是南昌民间长久流传的一道名菜。制作前，先取冷水一盆，将小鳅鱼放入后，打入蛋清，一天后，待鳅鱼内脏物排出，洗净。用砂锅放在微火上加入好汤，把整块老豆腐和活鳅鱼同时下锅，汤热后，鳅鱼往豆腐里面钻。炖30分钟后，加入姜、冬笋、胡萝卜等配料，少顷，将砂锅离火上桌。此时只见锅内汤清如镜，豆腐鳅鱼交错，味鲜可口，令人垂涎。

"皇禽"酱鸭：这是南昌煌上煌烤禽总社生产的传统烤卤制品。该社依据皇家贵族膳食营养配方，调和现代人口感，精选优质的放养湖泊水鸭，经过30余钟优质天然香辛料浸泡，采用现代高科技保鲜技术精心加工而成，口味纯正、口感鲜美，该品问世以来深受海内外美食家高度赞誉，产品畅销不衰，为居家、旅游、招待贵宾、馈赠亲友之佳品。

木瓜凉粉：又叫栗子豆腐，是南昌民间非常盛行的夏季防暑饮料。即用木瓜粉或栗子粉为主要原料（现大多用薯粉代之），把粉煮得像稀饭那样，倒入木盒或水桶内，待凉后便成豆腐状。吃时放在碗里用竹片捣碎，再加薄荷水、白糖，或放点小麻油，吃起来凉爽、可口可心。过去盛夏之际，大街小巷承受时可遇见挑卖木瓜凉粉的乡民。

牛肉炒粉：不少地方有肉丝炒粉、三鲜炒粉，可南昌独特的是牛肉炒粉。据传，南昌的牛肉炒粉，起码也有几百年的历史。其肉嫩，粉软、味鲜，烹调制作也很讲究。

牛舌头：又叫牛招财，也是民间制作的一种传统面点。用白色和红色糯米粉相配，又用白、红糖搅芯子与糯米粉相配，中间成白色，再用红色（即加点红糖揉拌的粉）镶边。粉内要有糖料，制成后用70度的油煎，即成为红边白芯的点心，香甜爽口。

白糖糕：历史悠久，是南昌人十分喜爱的传统小吃。色泽金黄、松软，香甜可口。

"豫章十景"赣菜系列：该系列将烹饪与南昌历史上著名的"豫章十景"（洪崖丹井、西山积翠、滕阁秋风、章江晓渡、龙沙夕照、南浦飞云、铁柱仙踪、苏圃春蔬、东湖夜月、徐亭烟柳）融为一体，既讲究艺术装饰美，又注重菜肴的食用性，使美景佳肴相辉映，很好地体现了赣文化的特色。

6. 旅游景点

（1）滕王阁

滕王阁位于江西省南昌市西北部沿江路赣江东岸，与湖南岳阳楼、湖北黄鹤楼并称江南三大名楼（另一说为江南四大名楼，其中还包括安徽宣州的谢朓楼）。登阁纵览，春风秋月尽收眼底，近可见仿古商业街迂回曲折，错落有致，西侧赣江、抚江浩浩汇流，远处长天万里，西山横翠，南浦飞云，长桥卧波，令人心旷神怡。

滕王阁始建于唐永徽四年（653年），为唐高祖李渊之子李元婴任洪州都督时所创建。因李元婴在贞观年间曾被封为滕王，故阁以

"滕王"一名冠之。后几经兴废，明代景泰年间（公元 1450~1456年），巡抚都御使韩雍重修，其规模为：三层，高 27 米，宽约 14 米。滕王阁为历代封建士大夫们迎送和宴请宾客之处。明代开国皇帝朱元璋也曾设宴阁上，命诸臣、文人赋诗填词，观看灯火。

滕王阁之所以享有巨大名声，很大程度上归功于一篇脍炙人口的散文《滕王阁序》。传说当时诗人王勃探亲路过南昌，正赶上阎都督重修滕王阁后，在阁上大宴宾客，王勃当场一气呵成，写下这篇千古名篇《秋日登洪府滕王阁饯别序》（即《滕王阁序》）。从此，序以阁而闻名，阁以序而著称。王勃作序后，唐代王绪写《滕王阁赋》，王仲舒写《滕王阁记》，史书称之为"三王记滕阁"佳话。文学家韩愈也撰文述"江南多临观之美，而滕王阁独为第一，有瑰丽绝特之称"，故有"江西第一楼"之誉。1300 多年来，滕王阁历经兴废 28 次，可谓惯看春花秋月，饱经雨雪风霜。

今天的滕王阁乃仿宋建筑。唐宋一脉相承，宋代建筑是唐代建筑的继承和发展。宋代的楼阁建筑极窈窕多姿，建筑艺术造型达到极高成就。滕王阁主体建筑净高 57.5 米，建筑面积 13000 平方米。其下部为象征古城墙的 12 米高台座，分为两级。台座以上的主阁取"明三暗七"格式，即从外面看是三层带回廊建筑，而内部却有七层，就是三个明层，三个暗层，加屋顶中的设备层。新阁的瓦件全部采用宜兴产碧色琉璃瓦，因唐宋多用此色。正脊鸱吻为仿宋特制，高达 3.5 米。勾头、滴水均特制瓦当，勾头为"滕阁秋风"四字，而滴水为"孤鹜"图案。台座之下，有南北相通的两个瓢形人工湖，北湖之上建有九曲风雨桥。楼阁云影，倒映池中，盎然成趣。

重修后的滕王阁，高耸于南昌城西，赣江之滨。步入阁中，仿佛置身于一座以滕王阁为主题的艺术殿堂。在第一层正厅有一幅表现王勃创作《滕王阁序》的大型汉白玉浮雕《时来风送滕王阁》，巧妙地将滕王阁的动人传说与历史事实融为一体。第二层正厅是 23.90×2.55 米的大型工笔重彩壁画《人杰图》，绘有自秦至明的 80

位各领风骚的江西历代名人。这与第四层表现江西山川精华的《地灵图》，堪称双璧，令人叹为观止。第五层是凭栏骋目的最佳处。进入厅堂，迎面是苏东坡手书的千古名篇《滕王阁序》。每一层都有一个主题，亦都与阁有关。

新阁自1989年重阳节主体工程竣工，对外接待游人，以后又不断完善配套设施，逐渐在南昌城西形成了一片仿古建筑群。园内绿草如茵，鲜花吐艳，环境优美。宽阔的阁前广场将主阁衬托得分外庄严雄伟，充分展现了当年王勃所赞誉的那种"上出重霄"、"下临无地"的气势。

凳阁纵览，春风秋月尽收眼底，近可见仿古商业街迂回曲折，错落有致，西侧赣江、抚江浩浩汇流，远处长天万里，西山横翠，南浦飞云，长桥卧波，令人心旷神怡。

（2）南昌八一起义纪念馆

南昌八一起义纪念馆位于江西省南昌市中山路西端洗马池"八一"南昌起义总指挥部旧址内，是全国重点文物保护单位，它的前身为"江西大旅社"。旧址原是江西大旅行社，建成1924年，是一座灰色五层大楼，共96个房间。1927年7月下旬，起义部队到南昌，包租下这个旅社，在喜庆厅召开会议，成立了以周恩来为书记，李立三、恽代英、彭湃为委员的中国共产党前敌委员会。江西大旅行社成为领导起义指挥中心。

南昌起义打响了武装反抗国民党反动派的第一枪，宣告了中国共产党把中国革命进行到底的坚定立场，标志着中国共产党独立地创造革命军队和领导革命战争的开始。1933年7月11日，中华苏维埃共和国临时中央政府根据中央革命军事委员会6月30日的建议，决定8月1日为中国工农红军成立纪念日。从此，8月1日成为中国工农红军和后来的中国人民解放军的建军节。

1957年这里被定为"南昌八一起义纪念馆"，馆名由陈毅元帅手书。1997年，南昌八一起义纪念馆被中宣部命名为全国百家爱国主义教育示范基地，中共中央总书记江泽民亲笔为该馆题词"军旗升起的地方"。

旧址门首悬挂着陈毅手书的"南昌八一起义纪念馆"鎏金横匾，大楼的二三层，已辟为4个陈列室和一个题词纪念室，以大量的历史文献资料、图表、照片、文物以及参加南昌起义的老同志题词，生动地再现了南昌起义的光辉历史篇章。还按原貌恢复曾经举行过领导会议的喜庆礼堂，周恩来工作过的25号房间，林伯渠的办公室兼卧室的20号房间，军事参谋团的办公地点9号房间，部分起义领导人住过的10号房间，以及在一楼天井两侧的警卫连和卫生处的部分住房。此外，三楼的展厅还陈列了一组周恩来生平的照片。

（3）绳金塔

绳金塔位于南昌市绳金塔街，始建于唐天佑年间（904～907年），是市内最高的古建筑。相传，建塔时在地下挖得"铁函"一个，内装金绳四匝、古剑三把、舍利子三百粒，故称"绳金塔"。绳金塔古朴秀丽，具有江南建筑的典型艺术风格，自唐代始建至今，已有1100多年的历史，是历史信息的载体，是世代劳动人民智慧的结晶。绳金塔素有"水火既济，坐镇江城"之说，是南昌人的镇城之宝。

相传，古时候的南昌是个水乡泽园。素有"木排之地"之说。常有蛟龙精作怪，闹风、水、火三灾，称为"三害"。被三害夺去生命的人不计其数。当时豫章郡牧刘太守，为了安抚百姓，开仓赈灾。贴榜招贤治理三害。

却说进贤门外一老人，姓金名牛根，生性聪明，略通文墨，还懂得一些风水。以搓牛绳为生，独生儿子丧生于40年前的火灾之中。金老头立志誓除三害，造福子孙。便一边搓牛绳，一边研究天文地理知识。三年的时间跑遍七门九州十八坡，走遍了三街六市和所有的里巷，考察了三湖九津的地形地势。绘制了豫章地理图和治水图，但仍然没有找到一个适合的除害方法。

一天，金牛根梦一高僧，用禅杖在他家菜地重敲三下，说："进贤门外，吾佛重地，水火既济，坐镇江城，在此建一塔，便永保平安。"老人立即挖地三尺得铁函一只，函内有金绳四匝；古剑三把，每一剑柄上镂刻着两个字："祛风"，"镇火"，"降蛟"；金瓶舍利三百个；竹简一块，上面刻着二十个字的偈语："一塔镇洪州，千年不漂流。金绳勾地脉，万载永无忧。"

次日，金老头便揭榜献策，太守便命人破土动工造塔。经过三年的时间，一座十七丈高，方圆十丈另八尺的七层宝塔和塔下寺终于建成。那四根金绳在塔基底下伸向东、西、南、北四个方向，勾锁地脉；那三把宝剑高悬在法华殿上；那净重 60 两的金瓶和金老头捐的四两黄金一起溶镀在塔顶上；那 300 粒珍珠镶嵌在佛台上。因金老头搓绳献金，挖地又挖到金瓶、金绳，所以就命名为"绳金塔"。

正门牌楼上高悬"永镇江城"烫金牌匾，往里看，很通透，一眼能见金塔首层大书一副对联："深夜珠光浮舍利，半空金色见如来"寓意此塔黄金浇顶，内藏三百粒佛陀舍利。

清康熙戊子年（1708 年）塔圮，癸巳年（1713 年）重建。绳金塔为江南典型的砖木结构楼阁式塔，高 58.7 米，底周长 33.8 米，塔身八面七层（明七暗八层）内正外八形，每层飞檐回廊，八面均有拱门相通，楼梯直通顶层。其朱栏青瓦，墨角净墙及鉴金葫芦型顶，有浓重的宗教色彩，飘逸的飞檐，并悬挂铜铃（按照制作古代编钟的工艺，重新铸造风铃，七层七音）。葫芦铜顶金光透亮，通身朱栏青瓦，墨角净墙，古朴无华。塔身每层均设有四面真门洞、四面假门洞，各层真假门洞上下相互错开，门洞的形式各层也不尽相同。第一层为月亮门；第二三层为如意门；第四至七层为火焰门，三种拱门形式集于一塔，这种做法是不多见的。

（4）佑民寺

佑民寺，坐落于江西省南昌市民德路和苏圃路交汇处，市内八一大道公园北面，东湖东岸，是南昌市唯一一座完整的寺院。始建于南朝梁天监年间，原为豫章王蔚综之师葛鱼单捐献的住宅。初名上兰寺。

佑民寺始建于南朝，至今有1400年的历史了。梁代的时候，豫章王（豫章就是古代南昌的别称）的老师葛鲟家里有一口井，里面住了蛟龙。豫章王特意造了一尊大佛像来镇住蛟龙。后来，葛鲟把这所房子捐出来建寺庙，因为供奉了镇龙的大佛像，所以就叫大佛寺了。

唐朝时，大佛寺改名为"开元寺"。禅宗八祖马祖道一担任佑民寺住持15年，开创了洪州宗，784年，新罗（也就是现在的韩国）的僧人无寂来开元寺参拜当时的住持马祖的弟子西唐智藏禅师，深得西唐智藏的赏识，将他的法号改成道义，并传授禅门心法。智藏禅师的新罗弟子除了道义外，还有洪陟、惠哲禅师等，他们回韩国开创了实相山派、桐裹山派。九世纪初，禅宗在韩国形成"禅门九山"，其中有七山与马祖道一的洪州宗有关。

开元寺在马祖和智藏师徒住持期间，规模壮观。后来历代都有高僧住持，香火兴旺。开元寺后来又改叫能仁禅寺、永宁禅寺、佑清寺等。1926年改为佑民寺。新中国成立后，1953年，佑民寺被列为全省重点保护寺院。1956年，南昌市佛教协会在这里成立，1957年，佑民寺被列为第一批省级重点文物保护单位。1960年，班禅大师来寺里敬献哈达，上香拜佛。

南昌有句老话说得有趣：南昌穷是穷，还有三万六千铜。老南昌人都知道，南昌有三宝：铜钟铜佛铁象。那三万六千铜就铸成了这三宝。后来三宝熔成了一宝：接引佛铜像，现在就安放在佑民寺里。"文革"期间，佑民寺遭到严重破坏，铜佛被锯毁。1996年，仿照原貌用精铜铸造重达4万多斤的接引佛像又重现在铜佛殿中，安详地接受善男信女的膜拜。

相传朱元璋也来过佑民寺。话说当年朱元璋当上皇帝后怀念以

红色圣地江西

二 主要城市风情

前的戎马生涯，就微服来到了与陈友谅大战的故地江西。这天，朱元璋闲逛时看到一座寺庙，抬头一看寺名"佑明寺"是明朝的那个明。朱元璋非常高兴，心想这建寺的人还真有先见之明啊，佑明寺，不就是保佑我大明江山千秋万代么？于是就敲门。出来一个小和尚，朱元璋说想进去看看。那小和尚非常抱歉地说："施主，鄙寺正在改建，不方便接待。请改日再来。"朱元璋就非要进去。那小和尚又说："要不施主留下尊姓大名和住址，等小寺建成后小僧上门通知。"朱元璋的性格非常暴躁，怎能忍受一再被拒之门外，于是转身在寺墙上题了一首诗"杀尽江西数万兵，腰间宝剑犹带腥。野僧不识山河主，只管唠叨问姓名。"写完拂袖而去。

　　和尚们过来一看，知道这下祸事大了，于是抱头痛哭，准备卷铺盖逃命。正在大家乱成一团的时候，有个行脚僧进来讨水喝，见寺里上上下下都在收拾，而且个个表情都很恐慌，就问是怎么回事。寺里的僧人对他说："我们得罪的当今天子，估计3天之内会有血光之灾，此地不可久留，大伙都在逃命呢，你也快走吧！"那僧人明白怎么回事后满不在乎地说："这有什么，你们不用怕，我保证不会有什么事，说不定还能得到封赏呢。"他让人拿了一桶水来，哗啦一声把墙上的字给冲洗掉了。和尚们一看更慌了，纷纷说："你这哪是帮我们啊，分明是害我们，这可如何是好？"行脚僧不慌不忙地说："我自有办法，想保命的赶快笔墨伺候！"那帮和尚见事已至此，只好死马当成活马医了，给他拿了文房四宝来。那行脚僧想了一下，在朱元璋原来题诗位置的旁边挥毫写下一首七绝"御笔题诗不敢留，留时唯恐鬼神愁。好将江水频频洗，犹有豪光射斗牛。"其实这都是拍朱元璋马屁的话，还说什么好将江水频频洗，其实就是用一桶不知道哪来的水给冲掉的。写完把笔一扔就大笑着走了。

　　3天后，朱元璋果然气势汹汹地带着兵来了，一看自己的诗不见了更加火冒三丈，这时他又看见旁边那首诗了，看完哈哈大笑心想想不到这小小的佑明寺倒是个藏龙卧虎之地，人才辈出啊！朱元璋出身贫寒，历史上别的皇帝不是出身王侯也是名门望族，他以前做过乞丐，当过和尚，算得上是所有皇帝中地位最低的，当上皇帝之后内心深处对于自己的出身还是有点自卑，所以就特别喜欢听奉承的话，那行脚僧的马屁正好拍到他心上了，他非常高兴，不但没血洗佑明寺还大大封赏了一番。

2000 年，新住持就任后，寺院更新，香火复生，并进一步弘扬佛法。使佑民寺成为南昌寺院中的佼佼者。

（5）八大山人纪念馆

八大山人纪念馆位于南昌南郊十五华里处的梅湖定山桥畔青云谱道院内。青云谱是一座极具江南特色的园林。园林南部和西部面临宽阔的梅湖，泊岸曲折，水明如镜。园内，苍木翠行，掩映着殿宇云阁，丹桂碧池，环抱住凉亭月楼，逸静幽雅，宛若仙境。

园内现存有关帝、吕祖、许祖三官、斗姆、峤园等六座宫殿，中间以天地相融，东西接庑殿四座，中部鹤巢两间，抬梁式构架，悬山顶、青砖灰瓦的粉墙，精而不华，青而不饰，古朴典雅，风格独具。

青云谱前身是一座道院，相传早在 2500 余年前，周灵王之子即在此开基炼丹。西汉末年，南昌尉梅福曾弃官隐居于此，后人建"梅仙祠"祀之。东晋年间，许逊治水，于此始开道教"净明派"，并建"太极观"。大书法家王羲之任临川典试时，在此临池作书，并洗笔于"莲池"。南朝诗人谢灵运任临川内史时，在道院内居住，注释《老子道德经》。明初，明太祖第十六子宁王朱权在此修道。清顺治五年，南昌知府周之恒曾作《墨池》一诗云："临川光烛斗牛间，晋代名流去不返。见说注经当典槛，又云涤砚向傺屏。居传隐士梅千树，池冷玄关水湾。名胜于今空隙地，斜阳倒影落西山。"清康熙初年，八大山人来道院隐居，"欲觅一个自在场头"，且耕且读，进入了艺术创作黄金时期。

青云谱道院内外，现存有许多文化遗迹。如：梅湖、五星三桥、

義之墨池、万历古井、五桂合株、鹤巢飞身、黎后炼汞、古仙人桥、一涧九曲、竹径通幽、岭云来阁、净明真境、五百年的香樟、罗汉松、苦槠树，还有八大山人和牛石慧的衣冠墓，八大山人书画碑廊和八大山人纪念馆全景图等具有很高历史和观赏价值的景观。

八大山人是我国明末清初杰出的写意画艺术大师。生于明天启六年（1626 年），卒于清康熙四十四年（1705 年），姓朱名耷，是明太祖朱元璋第十六子朱权的九世孙。他从小聪慧异常。又受过良好的艺术熏陶，8 岁能作诗，11 岁能画青绿山水，并能悬腕写米体小楷，并进宫学为诸生。

八大山人 19 岁那年，明朝灭亡，清朝建立，国破家亡给他以沉重打击。当时清王朝对明朝宗室采取高压政策，迫使八大山人在 23 岁那年去奉新县耕香院正式削发为僧，"栖隐奉新山，一切尘事冥"。在这个寺庙里，八大山人渡过了一段漫长的参禅悟道、晨钟暮鼓的时光。清康熙初年，八大山人离开奉新，来到青云谱道院隐居，躬耕悟道，创作书画。62 岁时，他把道院交给其徒弟住持，自己离开青云谱，在南昌抚河桥附近修筑"腐歌草堂"。进行晚期的艺术创作，渡过了 80 岁。康熙四十四年初冬，病逝于"寤歌草堂"。这位东方的艺术巨星陨落了，但他永恒的艺术却长留人间。八大山人初为僧，后为道，继而还俗，"八大山人"四字连接起来，形似"哭之"、"笑之"，表示他对清王朝的不满和对故国的怀念。

八大山人在艺术创造上有杰出的成就，他是一位写意派艺术大师，他的艺术对继承和发扬祖国文化遗产带来了深刻的影响。他以大写意水墨画著称，精于山水、花鸟、人物，尤以花鸟画称美于世。在创作上，他立意精深，构图奇特，笔墨简练，气势磅礴，感人心脾，所塑造的艺术形象，具有独特的韵味，在清初画坛保守与革新的对峙中，成为革新派四大画僧的住持。由于八大山人画晶至上，尤受推崇，名满天下，三百年来，著名的画家扬州八怪郑燮等以及任伯年、吴昌硕、齐白石、潘天寿、李苦禅、张大千等在画风上都不同程度地受到他的影响。二十世纪以来，他的艺术之光的强烈辐射已穿越时代和国界，穿越民族欣赏心理，释放出巨大的艺术能量。1985年，联合国教科文组织宣布八大山人为中国十大文化艺术名人之一，并以太空星座命名。八大山人受到世界人民的赞扬和敬仰。

八大山人纪念馆具有丰富的藏晶，馆内现设有书画展厅十座，陈列八大山人生平史料及其艺术珍品80余件，其中代表作有："墨荷图"、"鸟石图"、"松鹤图"、"柘木立鹰图"、"寿鹿图"以及牛石慧的代表作"猫"、"鸡"等。

同时，掩映在杨柳翠竹中的江西第一座古代画家书画碑廊以精湛的石刻艺术展示了八大山人一百多幅书画精品，新开放的八大山人纪念馆景观摄影展也以高超的摄影技巧向观众提供了寻觅仙踪贤迹的启迪。

（6）西山万寿宫

西山万寿宫坐落于距南昌市西南30公里的西山逍遥山下，是为纪念著名道家人物许真君所建。东晋南昌人许逊（239～374年）曾任四川旌阳县令，居官清廉，为民兴利除害，后弃官东归，毕生致力治水，曾在此修身炼丹，后人为纪念他立"许仙祠"。

西山万寿宫始建于东晋太元元年（376年），初名许仙洞，南北朝改游帷观，宋真宗大中祥符三年（1010年）升观为宫，皇帝亲书"玉隆万寿宫"赐额。政和六年（1116年），徽宗订下诏书，以西京崇福为蓝本重建，兴建了正殿、三清殿、老祖殿、谌母殿、蓝公殿、玄宗殿和玉皇、紫微、三官、敕书、玉册五阁，以及12小殿、7楼、3廊、7门、36堂，规模之大，"埒于王者之居"，成为中国最大的道教圣地之一。明朝武宗正德十五年（1520年），皇帝题额"妙济万寿宫"，对宫内建筑又作了重大修葺，至清朝又增建了关帝阁、宫门。以后又历经废兴，至新中国成立时，仍存五殿和院墙、山门、仪门等。

如今的万寿宫，新砌的院墙高大坚固，高明殿、谌母殿、三清殿、三官殿、关帝殿等殿堂金碧辉煌，宫内香烟袅袅，显得庄严肃穆。许逊的塑像供奉在高明殿内，胡、詹二仙分站左右，十二大真人排列两侧。高明殿之得名，缘于许逊升天后被玉皇大帝封为"高明大使"。该殿建筑在宽敞的月台之上，面阔5间，进深3间，外有回廊环绕，顶覆重檐彩色琉璃瓦。入口处建有牌坊式门楼，宽敞宏伟，富丽堂皇。门楼额题"忠孝神仙"，这是人们对许逊的评价。高明殿前的院子里有两株古柏，一株传是许逊亲手所植，粗壮苍老，名曰"剑柏"。万寿宫大门前有一八角形的井，名曰"八角井"。相传当年井中有孽龙兴风作浪，酿成水害，许逊手执宝剑，使用法术，擒住蛟龙后，用两条铁链将其绕锁起来，钩住地脉，镇于井中。

相传，晋代南昌地区有一蛟螭，播风弄雨，翻洪作浪。残害生民，许逊神通广大，将此妖孽捉住并铸铁柱将其镇于井底。此后南昌地区风调雨顺，五谷丰登，相传许逊活到136岁时，在西山得道，举家四十余口，拔宅飞升，连家禽家兽都带去了。"一人得道，鸡犬升天"的典故，便出于此。

万寿宫香火极盛，特别是每年农历八月伊始，为纪念许真君生日，这里都要举行盛大的庙会，前来赶会进香和游览的人络绎不绝。

（7）梅岭风景区

梅岭风景区位于南昌市西郊。山势嵯峨，层峦叠翠，四时秀色，气候宜人。素有"小庐山"之称。在梅岭名胜古迹中，洪崖丹井最为古老。离丹井不远处是江西最大的地表墓——皇姑墓，墓前有石翁、石马、石狮、石羊等。清朝末年佛教净土宗的著名禅师印淘墓葬——印光和尚云塔，也在这里。

梅岭上百座山峰，各具特色。梅岭头翠竹幽，狮子峰险峻难攀，紫阳山秀丽多姿，罗汉岭等于观景。"盆景樟"、"石中兰"、"树生竹"为奇，被誉为"梅岭三绝"。梅岭的谷壑，到处可见灰黑色的花岗岩垒叠成梯，形成许多大小不等的岩洞。云隐洞、潘仙洞、造钱洞、秦人洞，还有开矿各异的尖刀石、龙爪石、礁臼石、穿剑石、佛名石，并伴有神话故事在民间流传。

梅岭有因断岩形成的脚鱼潭、跌水沟、滴水崖、水口瀑布，四时腾泻，还有许多清溪和山泉。游人不论是在梅岭之巅、洗药湖畔，还是在避暑山庄，均可朝观东方云海日出，暮瞰洪城万家灯火，春赏十里火红杜鹃，夏迎百丈仙台凉风，秋品千峰野果琼浆，冬揽万山玉树银花。真乃一风景优美、避暑游览之仙境。

（8）候鸟天堂：象山森林公园和南矶山

象山森林公园位于南昌西北郊约 30 公里处，濒临鄱阳湖，面积 2.5 万亩，是全国第一家由乡办林场发展而成的省级森林公园。由于滨湖的特殊地理位置，森林面积逐渐扩大，引来了日渐增多的候鸟来此栖息繁衍，形成了独特的森林候鸟景观。象山候鸟以夏候鸟白鹭为主，多达 60 余万羽，种类有 12 种之多（世界上共有 15 种鹭鸟）。不同种类的鹭鸟，分片栖息，麻鹭灰鹭在东片林，大、中、小白鹭在西片林，绿色的池鹭与黄色的草鹭在南片林，每逢秋冬之际，滨湖的湿地冬候鸟来此栖息的主要有大雁、小天鹅、鹤等。现在，园内辟有 12 处观鸟点和一座观景楼。为发展旅游业，还辟有江滨浴场钓鱼区，是市民休闲度假的好去处。

南矶山位于南昌市东北约 60 公里处的鄱阳湖西南近岸尖湖域中，是南山与矶山两座相邻小岛的合称。

南矶山周围有常湖、流湖、菱湖、东湖、神塘湖等浅水湖及湖滩草洲，随着季节性湖水涨落，一年一度水陆相互交替，具有典型的江南水乡泽国的地貌景观。每逢金秋，数以万计的各种越冬候鸟由北国南来，至此栖息，翌年春暖花开时，又结队迁徙北飞，而复候鸟，如家燕、白鹭等，则又来此湖地栖息繁衍。据统计，鸟类有 280 余种，水禽达 115 种，其中有国家一二级保护动物：如白鹤、丹顶鹤、天鹅、金雕、海雕、中华秋沙鸭等 50 余种。1986 年这里曾出现规模空前的越冬候鸟群。

南矶山湖州一带，被誉为"白鹤王国"、"候鸟乐园"和"国际级极为重要的湿地"。1987 年，在南矶山设立了后鸟观察站，为游客提供了观赏珍稀水禽的理想场所。

（9）八一公园

位于市区中心东湖之中，北临民德路，南临中山路东滨苏圃路，东湖中有名迹百花洲。东湖面积约 13 公顷，唐宪宗元和三年（802年），观察使韦丹为除水患，首倡治湖、浚淤植柳、后遂有"万柳堤"及"黄金堤"。杜牧曾赞其为"十顷平湖柳堤合"。自此以后东湖即为著名风景湖。明代以后，分成东、西、北三湖，民国以后，以红石垒岸，北湖又成南，北二湖，今之西湖、有桥涵相通，宋以后统称为东湖。

东湖之中有三座小岛，其中两岛于八一公园之中，即百花洲和少年宫所在地。百花洲一名始于宋代，欧阳修有五绝诗《酬圣俞百花洲》，向子埋《蝶恋花》词序中有"百花洲老桂盛开"句。南宋绍兴年间，豫章节度使张澄建"讲武亭"于南洲，以习水军，清乾隆十一年（1746 年）布政使彭家屏书立"百花洲"三字巨碑后断损。1983 年 11 月重新勒石，并建石质碑亭一座。

八一公园清代为贡院，1932 年辟为湖滨公园，1946 年 4 月 3 日改称为介石公园。1950 年 7 月定今名，总面积 23.7 公顷，陆地面积 6.4 公顷。园林木繁盛，花团锦簇。公园可分为湖区和陆区两部分。湖区主要景点有东湖、百花洲、百花桥、冠鳌亭、苏堤、苏圃、水木清、华馆、九曲桥、湖心亭、船坞码头等。陆地主要有文物草坪广场，立有晋、唐、宋、元、明、清各朝石人石兽十余尊，又有茶室、儿童乐园、温室等，以供游人憩息。

该园处于闹市中心，绿荫如盖，湖水荡漾，"豫章十景"中的"东湖月夜"及"苏圃春晓"均在其中。由于闹中取静，每天游人如潮，且每年园内均举办大型花卉或花灯展，吸引不少游人前往。

（10）江西省博物馆

江西省博物馆是中国省级历史类博物馆。位于南昌市人民广场南侧。1953 年筹建，1961 年 7 月 1 日正式开馆。当时是一座地志性综合性博物馆，1971 年成为专门从事考古发掘、历史文物征集和研究的专业馆，并于 1978 年 10 月改名为江西省历史博物馆。1980 年 8 月省历史博物馆和省革命博物馆合并成为江西省博物馆。

该馆藏品 3.4 万余件。基本陈列有《江西古代文明史陈列》《江西革命文物陈列》和《江西古代陶瓷陈列》。展品以江西各地出土的历代陶瓷器数量最多，如商周时期的印纹陶器、六朝的青瓷器、宋代的影青瓷器、元代的青花釉里红瓷器以及明清时期的粉彩、五彩、斗彩瓷器等。洪州窑、吉州窑、景德镇窑等名窑的产品更具特色。除陶瓷器外，还有一大批金银器、青铜器、玉石器和古字画等藏品。展品中还有五四运动时期出版的《新江西》《红灯周刊》（赵醒侬主编），以及苏区石印本《共产党宣言》，黄公略、滕代远赠送给地方干部的铜墨盒、万太县曾招秀送丈夫当红军的奖牌、铸有"打倒帝国主义"字样的地雷、印有"红军胜利万岁"字样及镰刀、斧头、红军行军图案的青花瓷碗、解放军横渡长江时使用过的航标灯等。

该馆还曾举办《井冈山革命斗争展览》《贵溪崖墓考古展览》《中国古代农业科技成就展览》《明清书画展览》。《历代艺术陶瓷展览》曾赴罗马尼亚首都布加勒斯特展出。《江西古代文物展》曾赴日本展出。该馆编有刊物《江西革命文物》。

（11）方志敏烈士墓

方志敏烈士墓位于西郊梅岭山麓。陵园背依青山，面向东方。建于 1959 年 8 月，占地十余亩。墓前有台阶 12 层，170 余级，两边青松翠柏环抱，庄严肃穆。墓为汉白玉砌成，大理石碑下面刻有方志敏简历。墓碑正中镌刻毛泽东题词"方志敏烈士之墓"，墓前附设休息室，陈列方志敏烈士生平事迹和珍贵文物。

方志敏，江西省弋阳县人，生于 1900 年。他是中国共产党的优秀党员，江西党组织的创始人之一，闽、浙、皖、赣革命根据地的

创建者。他历任县委书记、特委书记、省委书记、军区司令员、红十军政委、闽浙赣省苏维埃政府主席，中华苏维埃共和国中央主席团委员，党中央委员。1934年，红七军团和红十军团合编为北上抗日先遣队，方志敏任总司令。1935年1月24日，他不幸被俘入狱，在狱中坚贞不屈，写下了《可爱的中国》《清贫》等名著。1935年8月6日，方志敏在南昌英勇就义。

（12）李渡烧酒作坊遗址

李渡烧酒作坊位于江西省南昌市进贤县，是目前我国年代最早、遗迹最全、遗物最多、时间跨度最长且富有鲜明地方特色的大型古代白酒（俗称"烧酒"）作坊遗址。

目前已发掘出的遗址位于江西进贤县李渡酒厂厂区内，经过发掘考证，确定这是一个发现面积15000平方米、距今逾800年的特大古代白酒作坊遗址。目前发掘面积已有350平方米，其揭露的遗迹现象竟然包涵横跨元、明、清至近现代的炉灶、晾堂、酒窖、蒸馏设施、墙基、水沟、路面、灰坑和砖柱等，能够完全的说明中国古代烧酒生产的工艺流程。

李渡是江西古镇，江南粮仓，其酿酒历史可上溯到2000多年前，我国古代文豪王安石、欧阳修、词人晏殊等每过李渡必豪饮一番。因此这里留下了"闻香下马、知味拢船"的千古美誉。中国白酒评比专家组组长周恒刚称赞道："李渡烧酒作坊遗址历史跨度近800年，是中国酒行业难得的'国宝'。"

同时这里还出土了350件完整和可以恢复的遗物以及大量的陶器碎片，包括碗、碟、罐、高足杯等，其中以酒具最为丰富，甚至有元朝之前的如宋代青白釉高足杯等；据考证介绍，这里可能还有更大的烧酒作坊遗址等待考察。

李渡烧酒作坊的发掘出土，首次用实物印证了我国古代医药学专家——李时珍在其专著《本草纲目》中的记载："烧酒非古法也，自元始创之。"

2006 年 05 月 25 日，李渡烧酒作坊遗址作为元至清时期古遗址，被国务院批准列入第六批全国重点文物保护单位名单。

（二）赣州市

1. 概述

赣州市位于赣江上游，江西南部，简称赣南。赣，源于境内有两条江，一条章江，一条贡江，章、贡两江在赣州老城区北端汇合成为赣江。赣江作为江西的母亲河，从江西南部的赣州出发，纵贯江西全省，江西省的简称"赣"字由此而来。作为"千里赣江第一城"的赣州也因这两江汇合而得名。三江围绕的赣州城是全球客家摇篮。东接福建省三明市和龙岩市，南临广东省梅州市、河源市和韶关市，西靠湖南省郴州市，北连本省吉安、抚州两地区。处于我国东南沿海地区向中部内地延伸的过渡地带，也是内地通向东南沿海的重要通道之一。

赣州市是江西省最大的行政区，全市总面积 39400 平方公里，耕地面积 29.29 万公顷，有林面积 271.3 万公顷，森林覆盖率为 74.2%。辖 1 个市辖区：章贡区；15 个县：石城县、安远县、赣县、宁都县、寻乌县、兴国县、定南县、上犹县、于都县、龙南县、崇义县、信丰县、全南县、大余县、会昌县；代管 2 个县级市：瑞金市、南康市。总人口约 845.69 万人，其中市辖区 56.91 万人（非农业人口 36.19 万人），人口自然增长率 8.11‰，下降 0.06 个千分点。

赣州市的少数民族有畲、回、蒙古、藏、维吾尔、苗、彝、壮、布依、朝鲜、满、侗、瑶、白、土家、哈尼、哈萨克、傣、黎、傈僳、高山、佤、拉祜、水、东乡、纳西、景颇、独龙、土、达斡尔、仫佬、羌、布朗、撒拉、毛南、仡佬、锡伯、塔吉克、怒、乌孜别克、鄂温克等。

赣州市地处南岭、武夷、诸广三大山脉交接地区，地势四周高，中间低。地貌以丘陵、山地为主，占全市土地面积的83%。处于中亚热带南缘，属典型的亚热带湿润季风气候。市内农业自然资源丰富，尤其是以发展橙、柚为主的柑橘生产的自然条件被中国科学院南方山区综考队认为在全国堪称得天优厚，赣南适宜建为全国的柑橘商品生产基地。

赣州市是江西省的一个农业大区和经济作物主产区，现已建成为全国的重点林区和全省的糖业、烟叶、橘生产基地，国家有关部门先后命名市内的信丰县为脐橙之乡、南康市为中国甜柚之乡、安远县为中国九龙蜜柚之乡、寻乌县为中国蜜橘之乡、大余县为中国瑞香之乡；石城县为中国白莲之乡、崇义县为中国毛竹之乡、赣县为中国板鸭之乡、会昌县为中国肉兔之乡。

赣州市矿产资源以有色、稀有金属矿为主，素有"世界钨都"和"稀有金属不稀有"之称。钨已探明的储量占世界第一。稀土探明储量居全国第二。被称为江西省矿产资源中的"五朵金花"即钨、铜、铀、稀土、钽铌，除铜之外其余四种主要分部在赣南。经过新中国成立后的开采建设，赣州成了全国重点有钯金属基地之一。

瑰丽多姿的丹霞地貌和岩溶山水，形成了赣州峻伟灵秀的自然景观。翠微峰、玉石岩、梅岭、罗田岩、汉仙岩、聂都溶洞、陡水湖、天然公园阳岭保护区以及武当山、九连山自然保护区和东江源头三百山等交相斗奇，令人叹为观止。三百山为东江源头，是香港同胞饮用水的发源地，现列为国家森林公园，成为香港同胞到祖国内地旅游的景点。九连山是我国中亚热带缘自然生态系统保存最完成的地段，保存有大量野生动植物活化石，被列为江西省的重点自然保护区。始建于秦、唐的梅关古驿道，是我国古代沟通南北往来的交道要道。

赣州市为全国历史文化名城，保存完好的宋代城墙、巍然壮观的文庙、艺术宝库通天岩、七里古窑遗址和闻名于世的八境台、郁孤台，使人沉浸于对宋代文化的缅怀之中。全市列为全国文物保护单位有 17 处，省级文物保护单位 48 处，保存着一大批历史古迹。

赣州又是全国著名的革命老区之一，是第二次国内革命战争时期的中央革命根据地和中华苏维埃共和国临时政府所在地。毛泽东、朱德、周恩来、叶剑英、邓小平、陈毅等老一辈无产阶级革命家曾在赣州从事过伟大革命实践活动。举世闻名的二万五千里长征，就是从赣州开始的。因此，市内保存的革命史迹众多，县级革命文物保护单位达 203 处。以当年中央苏维埃政府所在地"红色故都"瑞金为中心，集中了遗址群 5 处计 15 个文物单位，属全省、全国范围内有特色的近代革命史迹群落。1955 年授军衔时，仅兴国籍将军就有 54 名，兴国县因此誉为将军县。

赣州市交通便利，四通八达，公路、铁路、水运、空运相结合的交通运输网络已经形成。市区目前共有 80 多条公交线路，站点遍布市区主要街道及周边县和镇。公路运输已基本形成以市区为中心，105、323、319、206 国道为骨架通达四面八方的公路网络。赣州站现已开行至北京、苏州、泉州、南昌、龙岩、井冈山等地的始发列车，通达全国各大中城市。位于赣江源头的赣州港是江西六大港口之一，长江水系重点建设的港口。按 4D 级规划的赣州新机场现为江西第二大机场，目前已开通飞往北京、上海、广州、深圳、长沙、重庆、厦门、南昌等地的航线，赣州还被列为中国首个支线航空发展试点城市，引进全国地级市首家航空公司基地。

2. 历史沿革

赣南政区历史悠久，远在四五千年前就有先民在此繁衍生息。春秋战国时，先后属楚、吴、越，后又属楚国。秦并六国后，秦始皇帝二十六年（前 221 年），分天下为 36 郡，赣南属九江郡。

汉高祖元年（前 206 年），南壄属楚。四年（前 203 年），改九江郡为淮南国。五年（前 202 年），汉灭楚，赣南始隶汉。六年（前

201 年），置豫章郡，治南昌，领 18 县。西汉末年（9 ~23 年），改豫章郡为九江郡。东汉建武元年（25 年），九江郡复名豫章郡，南壄改为南野。兴平元年（194 年），分豫章郡置庐陵郡。

吴嘉禾五年（236 年），析庐陵郡置南部都尉，隶扬州，治于都。晋太康元年（280 年），改南安为南康，改阳都为宁都，改平阳为平固。元康元年（291 年），南康郡改属江州都督府。永和五年（349 年），郡治从于都迁至赣县（章、贡两水间，今章贡区）。大宝元年（550 年），南康郡地大余改属广东东衡州始兴郡。太建十三年（581 年），大余改隶广东东衡州安远郡。

隋开皇九年（589 年），改南康郡为虔州，隶洪州总管府。唐贞观元年（627 年）分天下为十道，虔州隶江南道，辖县如前。永淳元年（682 年），析南康东南地复置南安县（约辖今信丰、龙南、定南、全南等地），虔州领 5 县神龙元年（705 年），复置大余县，虔州领 6 县。天宝元年（742 年），南安改名信丰县，并分出原南安地置百丈泉，后改虔南镇。贞元四年（788 年），分出于都三乡和信丰一里复置安远县，虔州领 7 县。天佑元年（904 年），从于都县分出象湖镇置瑞金监。

开平三年（909 年），虔州属梁。四年（910 年），以虔、韶 2 州置百胜军。升元元年（937 年），改百胜军为昭信军，虔州属之。乾化元年（911 年），析南康县地置上犹场。保大十年（952 年），改上犹场为上犹县，翌年改瑞金监为瑞金县，虔南场为龙南县，石城场为石城县。

宋开宝八年（975 年），改昭信军为军州。大平兴国元年（976 年），改军州复为虔州，隶江南西路。淳化元年（990 年），以虔州原辖南康、大余、上犹 3 县另置南安军，治大余，虔州领 10 县，隶江南西路。为赣南分设两个政区之始。宣和三年（1121 年），龙南县改名为虔南。绍兴二十三年（1153 年），校书郎董德元以"虔"字为虎头，虔州号"虎头城"，非佳名，奏请改名，诏改虔州为赣州

（取章、贡二水合流之义），赣州名始此。同时，虔化县改名为宁都，虔南县复名为龙南。

元至元十三年（1276年），改江南西路为江西行中书省，赣州、南安军隶江西行省。清顺治十年（1653年）至康熙八年（1669年），先后撤销南赣守抚和巡、守两道。康熙十年（1671年），置分巡赣南道，辖赣州府、南安府。雍正九年（1731年），改分巡赣南道为分巡吉南赣道，增辖吉安府。乾隆十九年（1754年），升宁都县为宁都直隶州，辖瑞金、石城2县，为赣南分设赣州府、南安府、宁都直隶州3个政区之始。同年，改分巡吉南赣道为吉南赣宁兵备道，增辖宁都直隶州。民国元年（1912年）废府（州）、厅设县，县直隶省。

1937～1945年，蒋经国先生推行了著名的"赣南新政"，赣州成为当时"中华民国"时期的"三民主义示范区"人口由不足10万扩增至50万，取得的举世瞩目的成就。赣南经验后来成为台湾民主和社会发展的典范。

民国18～23年（1929～1934年）赣州大片土地成为中央革命根据地，赣南各地先后成立苏维埃政府，分别隶属江西、湘赣、粤赣、赣南省苏维埃政府。并于1934年8月在瑞金成立了中华苏维埃共和国临时中央政府。

1949年8月赣州各县先后解放，设赣西南行署区，辖赣州、瑞金、吉安3专区。1950年撤销赣州专区，所属市、县直隶赣西南行署区；瑞金专区更名为宁都专区。1951年6月17日撤销西南行署区，恢复赣州专区，今赣州各县分属赣州专区、宁都专区。1952年8月29日，宁都专区并入赣州专区，广昌县划归抚州专区。1954年5月改称赣南行政区，广昌县来属。1957年雩都、寻邬、虔南、大庾县分别更名为于都、寻乌、全南、大余县。1964年5月赣南行政区复名赣州专区。1970年改称赣州地区。1983年7月广昌县划归抚州地区。1994年南康撤县设市。1995年瑞金撤县设市。

1998 年 12 月，国务院批准赣州地区撤地改市，原赣州市改为章贡区，管辖范围不变。1999 年 7 月 1 日，地级赣州市正式挂牌成立。

3. 特色特产

宁都黄鸡：为中国名优土鸡，全部实行林间牧养的无公害化生产，"三黄"（喙、羽、胫）、"五红"（冠、髯、脸、眼圈、耳叶）等特征，个体矮小、肉质鲜嫩。其蛋白质、总氨基酸及单位面积鸡纤维数量等指标均优于国内多个肉鸡品种。

兴国鱼丝：兴国鱼丝是兴国县久负盛名的著名土特产品，它以新鲜细嫩的草鱼肉、优质薯粉为主要原料，具有营养丰富、爽滑不腻、柔韧适口、易贮耐存的特点，是一种高蛋白、低脂肪、低胆固醇的美味食品。

小青瓜：属水果型黄瓜，正常瓜型长 13cm 左右，重 30 克左右，瓜质青绿色、光亮，瓜肉嫩、脆、甜，专供城市超市柜台，是时下最流行的鲜食黄瓜。

犹玉兰片：用冬笋尖制成，色如象牙，通明如玉，质地脆嫩，味鲜美而清香。它营养丰富，还含有天冬酰胺，是一种纤维素丰富而脂肪和淀粉含量极低的保健食品。

全南荷包豆：荷包豆适应在海拔较高，昼暖夜凉无污染的山区生长。全南出产的荷包豆含有丰富的优质植物蛋白、人体所需的多种微量元素、碳水化合物等，是天然的绿色食品。

兴国红鲤鱼：素有"金狮红鲤鱼"的美称。兴国民间放养红鲤鱼有千余年的历史，与婺源县的"荷包红鲤鱼"、万安县的"玻璃红鲤鱼"齐名，被誉为"江西三红"。兴国红鲤鱼以其体高、背宽、肉厚、色艳扬名全国。兴国红鲤鱼通体红艳，仪表美观，又成为一种具有较高观赏价值的鱼种。

兴国灰鹅：兴国灰鹅是兴国县的传统特产和主要出口产品，具有耐粗饲、生长快、抗病力强、个体适中、产肉性能高、肉质嫩美等优良特征，是家禽品种中草食型优秀肉用品种，是江西省级地方优良品种，深受国内外市场的欢迎，被广大消费者赞誉为美味食品、健康食品、健美食品。

兴国九山生姜：驰名古今，据《新唐书》中《元和郡县志》记载：九山生姜被唐朝列为虔州（今赣州市）贡品。而今，九山生姜仍享有盛名，远销东南亚国家和港澳地区，它具有表皮金黄、色泽鲜艳、肉质肥嫩、粗壮无筋、甜辣适口、入菜不馊、易于存窖等特点，故有"甜香辛辣九山姜，赛过远近十八乡，嫩如冬笋甜似藕，一家炒菜满村香"之美传。

信丰脐橙：1982 年中国南方综合考察队确认信丰具有脐橙栽种"得天独厚"的自然条件。信丰脐橙被誉为"橙中之王"，果皮橙色，大而无核，色泽鲜雅，肉质脆嫩，甜酸适中，风味清香，素有"脐橙进房香满堂"之誉，营养丰富，堪称果中佳品。

龙南板栗：龙南板栗个大饱满，栗肉脆嫩香甜，含有丰富的营养，生吃熟食都可以，还能制成各种美味可口的糕点，具有补肝益脾、健胃生津的功能。

兴国甜橙：具有果大质优，出汁率高、籽少，风味浓郁，耐储运，适应性、抗逆性强，稳产高产等特点，其综合性状达到国内同类品种领先水平，是优良的鲜食、制汁兼优型品种、江西柑橘榨汁生产线的优质原料，是江西省橙类地方优良品种之一。

寻乌柑橘：寻乌柑橘经过 30 多年的发展，目前面积达 30 万亩，被国家命名为"中国蜜橘之乡"。寻乌园艺场引种的早熟品系"宫川"和中熟品系"尾张"两个品种，在全县多种气候和土壤条件下均生长快、结果早、易丰产，果实色泽美观，呈橙黄色，扁圆，无核，甜酸适度，在全国果品鉴评会上两次夺冠。

信丰红瓜子：信丰红瓜子是信丰出口的传统名产。色泽殷红，板粒宽大，壳薄仁厚，香脆可口，且有生津、消食、润肺之功能，一直被消费者视为酒宴茶会、逢年过节之珍品，早在清末就畅销东南亚和港澳市场，华侨誉之为"吉祥的象征，典雅的礼品"，博得"信丰红瓜子大王"之美称。

信丰萝卜干：信丰萝卜干俗称"香干萝卜、脚板萝卜"，是信丰传统名产，具有悠久的历史。食用可生可熟，可酱可醋，具有顺气、消食、化痰、平喘等功效，其甘香嫩脆的独特风味是人们佐餐的理想佳味食品。

龙南紫皮大蒜：龙南紫皮大蒜是龙南县历史悠久的名优特产，蒜头呈淡紫色或紫白色，瓣肉细嫩致密，蒜包紧实耐贮，生食香脆辛辣，熟食香味浓郁，品质优良，营养丰富，既是佐餐之佳品，又具药用之功效。

友家月亮巴：友家月亮巴是客家食品代表之一，以其形如"满月"而得名，具有色泽金黄、薄、香、脆、酥、回味悠长的特点。

南酸枣糕：含有原果固有的丰富黄酮、维生素C、果酸、有机酸、氨基酸、钙、铁、锌、钾等营养成分。果味浓郁，嫩糯细腻，口感独特。

银杏叶茶：银杏叶茶是以九连山国家自然保护区千年银杏叶为主要原料，应用现代科技精制而成的袋泡茶，为纯天然饮品，开水冲泡后，色淡黄、味甘苦，可作预防、保健食疗产品长期饮用。

客家红蜜酒：此酒选用特等杂交优质糯米和古老酒药，采用科学配方，在传统工艺基础上更新技术，精心酿制而成。为绿色食品，呈金黄色，酒质绵甜纯厚，口感丰润悠长。

"绿凉"苦瓜酒：苦瓜酒溶解了苦瓜的苦瓜甙、苦瓜亭和多种氨基酸，对于糖尿病的降糖，火体之身的败火，无名火牙的缓解疼痛，烧伤病人的局部愈合都能起一定的作用，为纯天然绿色食品酒，其外观新颖独特，是酒类产品中的一朵奇葩，是中国唯一蔬菜酒。

"仙人湖牌"100%纯真珍珠粉胶囊：仙人湖牌纯真珍珠粉胶囊，取自风景绮丽、水质优良的陡水湖优质淡水珍珠为主料，采用先进的缓流超细粉体工艺研制出至真、至纯、幼细的珍珠粉，完全保留珍珠的天然成分，使人体充分全面吸收，其钙质已经活化，无任何副作用。

"梦真"草席：采用台湾"龙须草"和日本"蔺草"为原料，产品细腻柔软，舒适保健，绿色环保。产品现有普通席，单、双挽边席，折席等十多个规格品种。

4. 民俗节庆

赣州的民间风俗源远流长，几乎在社会生活的各个领域，都传承着颇具特色的风俗习惯，反映着赣州人的勤劳、聪慧、朴实、好客、讲卫生等优良的性格特征。

赣州市的居民，因受客家人习俗的影响，除了按汉族人普遍的习惯，要在春节、清明、端午、中秋等传统节日举行庆典、祭奠和宴饮、游览等活动之外，还特别注重立春、立夏、中元、重阳节这几个节日。

春节（农历正月初一至十五），俗称"过年"是一年之中最隆重的传统节日。除夕夜，长者通宵不眠，谓之"守岁"。到初一零点，家家鸣放鞭炮份揍新年，清晨起床，人人更新衣，晚辈拜尊长，尊长给小孩压岁钱。旧习，这天不串门、禁扫地，忌污言秽语，以图全年吉祥；有的全日吃素，以求全年老幼平安，新中国成立后，不出门和禁扫地习俗渐除，市区居民串家走户，亲戚朋友互相拜访，各级领导亲临生产第一线走访坚持工作的人们。旧习初二始，走访亲友，登门拜年。说"健康长寿"、"万事如意"等吉利话，主人随即用腊味、糖果招待来客，陪客饮酒喝茶。从初一开始每日鸣放鞭炮焰火，玩耍各式灯彩，什么龙灯、鲤鱼灯、车子灯、跑蚤灯、抢泡龙、摆字灯，各色各样彩灯昼夜玩耍，直至元宵节。

十五日元宵节更是热闹、各色灯彩、高跷、狮舞在各处街巷村镇翩翩起舞，爆竹轰鸣，鼓乐喧天，热闹非凡。旧时玩龙灯，谓能驱邪降福、大吉大利、国泰民安、风调雨顺，所以灯队来时，无论机关商店都争相鸣爆迎接，高喊"龙来龙来，恭喜发财"、"龙灯到府上，四季保兴旺"、"龙灯转个身，今年赚万金"等，以示吉祥，然后主人请吃茶喝酒或赠送红包。农村花灯游村过屋，灯笼火把划破长空，更是热闹异常。

立春这一天，当立春时刻到来时，哪怕是在半夜，人们也要点燃香烛，鸣放鞭炮，谓之"迎春"，接着便摆春酒，吃春卷，旧时还要耍春灯，以示庆贺。这一习俗自古不衰。它反映了赣州人对春的向往和挚爱。

清明旧称"三月节"。宋元以清明出游为"踏青"，故又称"踏青节"。这天家家户户多用三牲（猪、鸡、鱼）、米酒、香烛纸箔进行墓祭。乡村还有插柳枝劝"三月三草"于门前之习俗。新中国成立后，每逢清明节，各机关、团体、学校还组织青少年前往革命烈士陵园，祭扫烈士陵墓，缅怀烈士功绩；在此前后的一段时间，也有沿袭古时踏青习俗，组织青少年去郊外游览者，谓之"春游"。

赣南的瑶族和畲族都将狗视为本民族的图腾崇拜物，相传立夏这天是狗的生日，家家都以米粉肉奉狗。赣州人受这一习惯的影响，沿袭下来，立夏这一天，家家都要吃一顿米粉肉和薤包子。

每年端午节前夕，赣州各处的农贸市场上都有艾草、枫树叶、石菖蒲、一扫光等鲜草出售。端午节这一天家家都要用这些鲜草烹水洗澡，据说除了可以健身之外，还可以驱邪。旧时这一天，户户门插菖蒲、艾叶，儿童佩带香包和丝网鸡蛋，当午还在房前屋后洒雄黄粉，然后设筵席合家饮雄黄酒。赣州三面临江，每年端午节，章江、贡江都有龙舟大赛，是时沿河两岸，人们边吃粽子边为龙舟赛呐喊。一千多年来，从未间断。

赣州人称中元节为"七月半"又称鬼节。这一天家家都要为去世的亲人备些纸钱，有的人还置些纸做的日用品，傍晚时，家家杀一只鸭子，将鸭血溅在纸钱上，然后点燃香烛，将纸钱和冥物一同焚烧，谓之送给阴间的亲人享用。

赣州人过重阳节时居然很少人去登高，但家家户户都要饱食口顿"薯包"，那用脚板薯擂成泥浆状，交加上面粉或米粉，油炸而成香薯包。近年来每到重阳节，都有大量薯包上市，许多人家已不再自己动手油炸，这一习俗一直被沿袭下来。

5. 美食餐饮

江西史称"吴头楚尾、粤户闽庭"，山川秀丽，风景优美，景色宜人，物产丰富，历史上文人荟萃，名胜古迹遍布全省，对我国的文明历史发展，对中国的革命和建设都有突出贡献。

赣菜就是在江西这块土地上诞生的，并在历史发展的过程中逐渐孕育成熟。在客都赣州，常见的赣州美食可分为赣州菜肴和赣州小吃两大类，赣州菜与潮菜、广州菜并称广东三大菜系。赣菜的主要特色是：选料精细、讲究刀工、注重火候。在烹调上擅长烧、焖、蒸、炖、炒，注意保持原汁原味，偏重鲜香，使人不腻厌，且讲求刺激食欲，对辣味的偏爱似有发展趋势。在质感上讲究酥、烂、脆、嫩。赣菜用料多为地方土特产品，如著名的泰和乌骨鸡、婺源荷包红鲤鱼、鄱阳湖银鱼、赣南香菇、广昌通心白莲、南丰蜜橘、袁州松花蛋、南安板鸭等，都具有悠久的历史，驰名中外。

赣菜历史悠久，是在继承历代"文人菜"基础上发展而成的乡土味极浓的"家乡菜"，主要由赣州、鄱阳湖、南昌等地方流派构成。赣菜制作的特点是：切配、选料严谨，以地方特产原料为主，制作精细，烹调讲究火工，擅烧、蒸、炒、炖、焖等烹调方法，其中尤以粉蒸见长。赣菜主要风味特色是：原汁原味、油厚不腻、口味浓郁咸鲜辣！

客家第一菜——酿豆腐：酿豆腐，是客家第一大菜、第一名菜。孙中山先生是客家人。1918 年他在广东梅县松口一位同盟会员家中吃了这道菜赞不绝口。赣南很多地方把酿豆腐作为筵席风味菜，而且和立夏节联系在一起。客家薯酒，薯酒的主要原料是毛薯、米粉和客家米酒。漂浮客家米酒中的薯饼个个金黄透亮，客家米酒的醇香弥漫整个屋子，品尝起来酥润爽口、香甜浓郁、温暖滋补，而且具有滋阴益肾、保健养生的奇特功效。

鱼饼：鱼饼是赣州久负盛名的传统风味菜，做法是将草鱼去皮剔骨，剁成肉茸，加入薯粉和适量的盐水，用手不断的搅拌，使之产生韧性，然后用小勺舀入滚油锅内炸成乒乓球大小即成鱼饼。用鱼饼做菜时，将鱼饼和汤汁一起煮沸一段时间即可。

信丰流浪鸡：信丰流浪鸡还有一个传说，相传朱元璋与陈友谅在鄱阳湖交战，朱元璋兵败康山，人饥马乏，当时有个赣州厨师将鸡宰杀，拔毛开膛去除内脏，在清水中煮熟，切成条块，用蒜泥、辣椒粉、姜末、香油浇盖，朱元璋吃后赞不绝口。因正当兵败落魄之时赐"流浪鸡"。

生焖鸡：每年入夏以后，便是仔姜、仔鸭上市的季节，而生焖鸭的主要原料就是仔姜、仔鸭。其做法是将鸭和姜切成小块，配以红辣椒、蒜仁、米酒、砂糖、酱油等炒焖而成。其特点是色泽金黄，皮香肉烂，鲜辣可口。这是赣州居民十分喜爱的一道时令菜肴！

赣州菜除传统的盐焗鸡、酿豆腐和梅菜扣肉等"老三篇"外，较具特色的要数遍布各县（市、区）的赣州小吃。赣州小吃是赣州饮食的另一部分，是赣州人逢年过节及做红白喜事才能吃上的"好东西"，每种小吃几乎都与农事季节有关，或者反映了一种习俗。如正月元宵节赣州人吃汤丸，汤丸取"团圆"的好兆头。赣州人的主食是稻米，糯米制作成各式糕点称之为粄。如发粄，把酵粉放入粄浆里蒸，粄面隆起而分裂，意为"笑"，是发财致富的好征兆；再如清明节用艾草做成的艾粄。

6. 旅游景点

（1）八镜台

八境台位于赣州市城北的章水和贡水合流处，是赣州古城的象征。今台高三层，仿古建筑，全台高 28.5 米，总面积 574 平方米。台依城墙而筑，原为木结构，几次毁于火。1983 年仿宋式重建。

飞檐斗拱，画梁朱柱，雄伟壮丽。据史载，原台为石楼，为北宋嘉佑年间（1056～1063 年）孔宗瀚所建。孔宗瀚是山东曲阜人，孔子第四十六代孙。他鉴于"州城岁为水啮，东北尤易垫圮"，于是"伐石为址，冶铁锢基"，将土城修葺成砖石城，建城楼于其上。

八境台建成后，孔宗瀚绘图请苏东坡题诗。苏东坡遂作《虔州八境图八首并序》《八境图后序》。前一首诗中，苏东坡在中国历史上第一次提出了城市八景，形成一组旅游胜境，为后世模仿，如燕山八景、泸城八景、香港八景、台湾八景等，不失为中国旅游文化的一个里程碑。八境台内还设有赣州博物馆，展出的历史文物颇为丰富，台下辟为八境公园。园内绿树苍茫，碧水微荡，楼亭对峙，清新幽静，景色如画。历代文人题咏甚多。

登临台上赣州八景一览无余，宋代的赣州八景是：石楼、章贡台、白鹊楼、皂盖楼、郁孤台、马祖岩、尘外亭和峰山。到了清代，由于景观发生变化，在八境台上所见的八景是：三台鼎峙、二水环流、玉岩夜月、宝盖朝云、储潭晓镜、天竺晴岚、马崖禅影、雁塔文峰。

（2）郁孤台风景区

郁孤台位于赣州城区西北部贺兰山顶，海拔 131 米，是城区的制高点，赣州宋代古城墙自台下逶迤而过，属市级文物保护单位，1985 年 12 月列为第一批省级重点风景名胜区点。因坐落于山顶，以山势高阜、郁然孤峙得名。

郁孤台始建于唐广德至大历年间（763～779 年），宋绍兴十七年（公元 1147 年）仍名郁孤台，并在台北增建望阙台。沧海桑田，郁孤台屡经废兴。清同治九年（公元 1870 年）重建。1959 年修复。1982 年 3 月拆除。1983 年 6 月在原址大致按清代格局重建，次年 9 月建成，三层，高 17 米，仿木钢筋混凝土结构，占地面积 300 平方公里。著名书法家、原全国书法协会主席舒同为台题额。

郁孤台为赣州一大名胜，历代文人墨客登临题咏甚多。北宋绍圣元年（公元1094年），苏东坡因反对王安石变法被朝廷贬谪到岭南的惠州，在赣州逗留期间，游览郁孤台，身临"掰开章贡江流去，分得峥嵘山色来"之景，诗兴大发，写下了《过虔州登郁孤台》。南宋咸淳十年（公元1274年），文天祥任赣州知州。任职赣州期间，文天祥登临郁孤台，忧国忧民之情涌上心头，遂吟成《郁孤台》一诗。

在题咏郁孤台的众多诗词中，尤以南宋爱国大词人辛弃疾《菩萨蛮.郁扳台下清江水》一词最为著名，传诵千古。

楼以诗显，诗以楼传。游览郁孤台并留有诗作的，有宋代的"江西诗派"开创者黄庭坚，江湖诗派刘克庄、戴复古，宫廷诗人康与之，明代诗人刘崧、李梦阳、谢榛，哲学家王阳明，戏剧大师汤显祖，清代著名诗人王士祯、朱彝尊等。

1965年6月，当代大文豪郭沫若先生登台游览，反辛词意留词一首，为郁孤台增添了新的意境：郁孤台下三江水，人民血汗非清泪。遍地尽杉松，泱泱绿化风。十年树木计，前景在眉睫。决战胜天公，江流不再红。

800多年来，对辛弃疾这首"横绝六合，扫空万古"的词，人们唱和不绝。毛泽东主席和江泽民总书记均曾手书此词，认为其"语言蕴藉，意味深长"。可以说，郁孤台是赣州悠久历史和灿烂文化的一个象征。

（3）赣州慈云塔

赣州慈云塔又名舍利塔，位于赣州城东，是一座典型的宋代高层楼阁式砖塔，为赣南古塔中的佳作。是古代慈云寺的附属建筑。

据考证，该塔建于宋仁宗天圣元年（1023～1032年），距今已有980多年的历史，是赣南保存较好而又有绝对纪年铭文的珍贵古塔，为省级文物保护单位。该塔原来位于慈云寺内，故名"慈云塔"。塔原高 42 米，现高 49.9 米，塔身平面呈六角形，共 9 级，塔中心空，由地宫、塔基、塔身、塔刹等部分组成。

此塔原来有登临远眺的功能，木构件及出檐回廊每层用平座挑出塔身以外，便于人们伫立和行走，形成回廊，供游人登塔赏景。清光绪 23 年（1906 年），廊檐木板在一场大火中被烧毁，留下孤塔一座。1957 年江西省人民政府将"慈云塔"列为第一批省级文物保护单位。2004 年，赣州市政府拨款对慈云塔进行了维修复原。

（4）赣州文庙

赣州文庙位于赣州老城区的东南部，厚德路东段的北侧。是江西省现存规模最大、等级最高、保存最完好的古代县立校址，属于省级文物保护单位。

唐时为紫极观，宋代改为大中祥符宫，皇佑年间在此创立县学。文庙原占地约 10000 平方米，现占地约 7000 平方米（包括广场）。文庙不论规模大小，等级高低，它的平面布局都是一样的。整个建筑群分为三组，采取平行轴线方式布局：中轴线上有大成门、名宦祠、乡贤祠、东庑、西庑、大成殿、崇圣祠；东轴线上有魁星阁、尊经阁；西轴线上有节孝祠。

大成殿是整个文庙的精华所在，大殿构筑于高 1.5 米的台基之上，占地约 750 平方米，殿高 13 米，是目前赣南保存最大的一幢古代建筑。大成殿的木梁架结构与文庙建筑群的其他建筑有所不同，采用大木和斗拱，颇具地方特色。在这大成殿正面的塑像是孔夫子，现在不少学生，在高考前，来到这里参拜孔子及各位先哲，寄希望考个好成绩，进个好学校。

（5）廉泉与夜话亭

廉泉和夜话亭为赣州市著名的古迹，现位于赣州第一中学校园内。廉泉有 1500 多年的历史，据说在北宋绍圣年间，苏东坡因反对王安石变法而被贬到惠州。路过赣州时，苏东坡拜访了当时著名的隐士阳孝本，两人很是投机，一同遍访当地名胜，在廉泉水边通宵长谈。苏东坡还赋诗道："水性故自清，不清或挠之。君看此廉泉，五色烂摩尼"。

后来人们在泉边建了夜话亭，在亭中竖了一块高 2 米多的石碑，上刻"苏阳二公夜话图"。这块石碑为江西省级文物保护单位。

（6）赣州古浮桥

现存的赣州古浮桥，学名叫惠民桥，又称东津桥、东河浮桥。始建于宋乾道年间（1163～1173 年），至今已有 800 多年历史。

浮桥长约 400 米，由 100 多只小舟板并束之以缆绳相连而成。由知军洪迈所建，连接章江的两端，每天定时开启，以便来往商船通行。赣州市三面环水，江面宽阔。在宋代就先后建造铺就了东河、西河、南河三座浮桥以沟通城乡。建国以后，西河、南河浮桥因修建了公路大桥而被拆除，东河浮桥就成了现今赣州市的"国宝"级文物。

这座 800 多年的浮桥，不知经历了多少腥风血雨、战火硝烟。新桥变旧、旧桥换新、修修补补、历尽沧桑，与市内的古朴逶迤的古城墙、壮观秀美的八境台、雄伟沉重的涌金门一道伴随着赣江的涛声，造福赣州人民，成为连接城乡的纽带，成为赣州市一道特有的风景线，被誉为赣州的一绝。

浮桥是历史的产物、历史的见证、历史的缩影，更是古代勤劳的赣州人民智慧的象征。

（7）宋代古墙

赣州城，设置于汉高祖六年（公元前 201 年），由于战乱和洪水灾害曾数次搬迁，最后于南朝梁承圣元年（公元 552 年）才在章贡两江之间即现城址固定下来，至今已有 1400 余年。

五代后梁时，卢光稠占据虔州（今赣州）并统辖虔韶两州（今赣州地区和韶关地区），出于政治和军事上的需要，进行了大规模的城市扩建工程。扩建后的赣州城三面临江，在不靠江的南面开挖了深广的护城河，直至民国时期，赣州城城区的范围一直未动。

宋代以前，赣州城的城墙系用黄土构筑，自北宋中期以后，由于大余岭道的开通，赣州城成了中国东南地区的交通枢纽，经济空前繁荣，加上章贡两江之水"岁岁坏城"，因而赣州从北宋嘉佑年间起，便开始使用砖石构筑城墙了。历经南宋、元、明、清、民国共800余年，历代均不断对城墙进行修缮、加固。根据近年来的考古调查，现已在赣州古城墙上找到了40余种不同的铭文砖，其中带有纪年铭文的就有20余种，年代上起北宋熙宁二年（公元1069年），下迄"民国"四年（公元1915年），城墙上铭文与地方志中修城的记载相吻合，是一份不可多得的古代城市建设史的宝贵资料。

赣州城城墙全长6900米左右，平均高度约5米，厚6.5米，墙垛高1.5米。整个城池建有镇南、西津、涌金、建春、百胜五座带有城楼的大城门，沿城墙上建有数十座值更用的警铺，在南段城墙的中部有五代护城时所建的南门、大南门、西津门、八镜台等交通要道口，还有咸丰年间所建的五座炮城。赣州城城池坚固雄伟、是我国古代东南地区的一处军事重镇。

赣州古城墙现存3700多米，是江南保存最长的宋代古城墙，沿贡水、章水段3664米，南面拜将台尚存52米，东南面现养济院处尚存城墙基础41米。古城墙一般高7米，宽4米多。垛口完好的城墙有2420米。墙上警铺残存10个，马面一个，东北城墙上之八境台是几经修复的唯一城楼，尚存西门炮城。

赣州古城是我国现存唯一地面和地下保存完好的宋代城墙，有极高的历史、科学、艺术价值，为国家重点文物保护单位。

（8）通天岩景区

在赣州城的西北郊，距城区约12公里，是著名的通天岩风景区。素有"丹霞风貌独特、生态景致宜人、历史遗迹丰厚、石窟艺术宝库"之称。

这里发育着较为典型的丹霞地貌，景区内岩深谷邃，古木参天，丹崖绝壁，石穴玲珑，因"石峰环列如屏，巅有一窍通天"而名为通天岩，更值得一提的是，唐代以来，风光旖旎的通天岩就被开创为石窟寺。至北宋时期，通天岩石窟造像的开创达到了高潮。尽管与我国众多的石窟比较，通天岩石窟造像的分布范围，石龛的体积、数量以及造像尺度、规模都不算大，但相对而言，它却是我国南方最大的一处石窟，同时，它又是我国地理位置最南端的一处石窟群。

通天岩长 1.22 公里，宽 0.99 公里，总面积 1200 亩，景区主要由忘归岩、观心岩、龙虎岩、翠微岩、通天岩五个景点组成。景区内岩深谷邃，树木参天，风景优雅，为赣南著名避暑胜地。

通天岩各处崖壁存有唐宋时期的窟龛 315 处，共计造像 359 躯，石龛 279 座，题刻 124 品。石刻造像均佛教题材，多北宋年间作品，其中翠微岩部分雕刻颇类隋唐风格。摩崖题记以北宋熙宁六年（1073 年）最早。明代王阳明岩壁题诗后，游人依韵唱和者尤多。造像和题记不仅保存了大量的地方文史资料，而且刻工精致，是古代书法艺术珍品，亦是全省著名艺术宝库之一。

1957 年通天岩被列为江西省文物保护单位；1985 年 12 月被列为第一批省级重点风景名胜区点；1988 年 1 月被列为国家重点文物保护单位。

（9）蒋经国旧址

蒋经国旧址位于"广福禅林"寺院西边，僧房的后面，一共 3 间，依岩洞而建。蒋经国任江西第四行政区督察专员兼赣县县长时，1940～1945 年期间一家人居住于此。旧居建筑面积 163.66 平方米，有蒋氏夫妇卧室，3 个保姆及孩子的寝室，以及蒋经国的办公室、会客厅。旧居内蒋经国当年亲手种植的白玉兰、柚子树等今天已经成为一道小风景。

（10）叶坪革命旧址群

叶坪革命旧址群位于瑞金市城东北 5 公里处的一块平地上，周围水田环绕，一派田园风光。它占地面积约 500 亩，四周有砖墙围住，属国家级重点文物保护单位。里面环境十分优美，古木参天，芳草铺地，空气清新，凉风怡人。

这里是第二次国内革命战争时期中央工农民主政府所在地。1931年9月28日，毛泽东、朱德指挥根据地军民连续粉碎国民党军队第一、二、三次"围剿"后，来此领导工作，巩固和发展了中央革命根据地。

旧址群现主要有：毛泽东和朱德旧居、中央工农民主政府旧址、中华苏维埃共和国出版局旧址、中华苏维埃共和国国家银行旧址，红色中华通讯社旧址、中央警卫营旧址、中共苏区中央局旧址、红军检阅台、红军烈士纪念塔、博生堡、公略亭等。其中砖木结构的旧祠堂，为1931年11月召开的中国共产党苏区第一次代表大会和中华苏维埃第一次全国工农兵代表大会会址。大会闭幕后则为中央工农民主政府总办公厅。

办公厅左后方的中共苏区中央局旧址为一两层砖木结构建筑，内有中央执行委员会主席毛泽东、中央局书记周恩来、朱德、王家祥、任弼时等中央领导人的办公室兼住室。室内陈列着他们当年使用过的桌椅、床、凳、油灯、脸盆等物品。中共苏区中央局后侧是几棵参天的古樟树，枝繁叶茂，当年毛泽东同志常在树下读书看报。走过这片树林便是一片开阔严整的绿草坪了。草坪上有红军检阅台，原为竹木便台，1933年改为土木结构，长征后被毁，1955年按原貌恢复。

大草坪中心有红军烈士纪念塔。高十余米，呈子弹形，1933年8月1日动工。1934年2月2日举行揭幕典礼。塔上有毛泽东、博古、朱德、周恩来、项英等人的题词。塔前用煤炭铺着"踏着先烈的血迹勇敢前进！"的大幅标语，草坪东侧的"博生堡"为朱德所题，北侧的"公略亭"系彭德怀所题。

（11）梅关古驿道

梅关古驿道位于大余县南的梅岭，居五岭之首，为赣粤两省天然屏障。相传因西汉庾胜将军于此岭上筑城建寨，且岭形似廪庾

红色圣地江西

二　主要城市风情

（粮仓），故又称庾岭、大余岭。大余处"岭南第一关"险要之地，"海上丝绸（瓷）之路"要冲，曾长期是赣南西部政治、经济、军事、文化中心，古有"儒雅之邦"、"理学渊源之乡"的美誉。

省级旅游风景区梅关古驿道，是江西保留最完整的、历经2000余年沧桑的古驿道，关口海拔440米，山势险峻，峰峦对峙，为历代兵家必争之地，又是古时赣粤相通、商贾南来北往的必经之路，盛负"南粤雄关"、"岭南第一关"之赞誉。

梅关古道始筑于唐开元年间，当年商贾如云，货物如雨，万足践踏，冬元寒土。素有沟通内陆与沿海的"水上丝绸之路"之称。现存历史陈迹"十马齐轮"的宽敞驿道和梅关关楼、接岭桥、广大桥、望梅阁、半山亭。红梅铺、古驿站、安码头和部分碑刻。梅关"庾岭红梅"闻名于世，南枝花落，北枝始开的特有自然景观，又有"梅园"的美称。陈毅曾在此写下《梅岭三章》。

梅岭隘口形势险要，秦时即设置关口，名横浦，唐张九龄奉诏重辟庾岭，筑关修道，立石"梅关"。梅关为砖石结构，跨赣粤两省，两侧石壁对峙，现仅存城阙部分。关楼南面残墙上留有几个火枪孔，枪孔下嵌"岭南第一关"匾额。南门两侧有"梅止行人渴，关防暴客来"对联，周围有历代名人的诗碑数十块。

梅关古驿道是古时中原通岭南至海外的孔道，为兵家必争之地，唐以后更成为中原经大运河、长江、赣江、章江、梅岭驿道、梅关至岭南通海外，南来北往的官辂、海内外使节往返中原的必经之路，称"海上丝绸（瓷）之路"。该路由鹅卵石铺成，长条青石固其边幅，至今保存完好。

（12）三百山国家森林公园

三百山位于赣州市安远县东南部，东邻寻乌县，地跨濂江、凤山、镇岗、新园四乡。地处武夷山南端东坡余脉与南岭东端北坡余脉绵延交错地带，整个地势由东向西倾斜，主峰十二排海拔1169米，最低点东风水库出水口海拔仅320米，总面积3333平方公里。

属中亚热带湿润性气候，年平均气温15.1℃，最冷月（1月）平均气温5.8℃，最热月（7月）平均气温23.3℃，无霜期260天，年平均降水量1680毫米，3～6月为雨季。

三百山由三百多座山头构成，故名"三百"。群岭逶迤，重峦迭峰，沟谷纵横，溪流密布，众多的水流汇集成镇江河，自东北流向西南，出境后流入定南县的九曲河，进入广东省龙川县，汇入珠江支流——东江。香港同胞的饮用水即来于此，三百山因之成为香港同胞饮用水的源头。电视片《东江源》在中央、江西、广东、香港等电视台播放后，在国内及香港产生了很大的反响，粤港新闻界、旅游界人士多次组团考察三百山，并给予了很高的评价。1995年，中央电视台的《京九一方歌》《大京九》等大型电视片又将三百山列入拍摄范围，三百山那优美清幽而又神秘的景观才得以显著于世。东江源成为江西新兴的旅游热线之一。京九线开通后，三百山的交通状况大为改观。京九线上的定南站距三百山仅68公里；从赣州乘汽车到三百山也只有160公里，若从安远县城去三百山，仅有25公里的路程。现在港澳同胞来三百山只需5个小时的旅程。

1993年5月，林业部将三百山定为国家级森林公园。这里山野谷幽，方圆数十里，不见人烟，有的是一种古朴、清寂、幽静的原始山林景象。高岭深岩，古树参天，绿藤铺地，灌木丛生，朽木横卧，溪泉潺潺，百鸟争鸣。更有众多的野山兰，幽香暗放、野趣横生。这里林茂物丰，大量的珍稀动物出没其间，众多的奇花异木暗藏其里。

据调查，三百山的高等动物有40余种，其中属国家重点保护的动物有华南虎、云豹、金猫、白鹇、猕猴、毛冠鹿等28种。置身林间，常可遇群鸟飞翔、猕猴戏嬉、松鼠跳跃。这里由于没有受到第四纪大陆冰川的侵袭，气候温暖湿润，使大量的珍稀植物得以保留，属国家重点保护的树种有银杏、观光木、伞花木、伯乐树、白桂木、猴喜欢、红豆树、南方红豆杉等20余种；属省级重点保护的有青钱柳、东京白克木、乐昌含笑等 40 余种。还有珍稀草类植物如八角莲、金钱莲、七叶一枝花等。三百山的观赏植物种类繁多，一年四季山花野果不断，一些树木的奇姿异容更让人叫绝。如有同心同根抱作一团的"同心树"；有生长在巨石上的"天印奇松"；有傲立溪流中的枫树；有针阔叶合生一体的"情侣树"等。地质运动及千万年的侵蚀，冲刷造就了三百山无数奇形怪状的石峰、石壁、石滩，尤其在溪流河滩及两岸山坡上，各种岩石更是嶙峋怪异，千姿百态，缤彩纷呈，实为一个天然的石雕集锦，让人叹为观止。

三百山源头有东风湖、九曲十八滩、知音泉、三叠瑶池、天印奇松、桃花村和虎岗温泉等七个景区，区区相连，各具特色，构成一幅幅山清水绿，自然古朴，如诗如画的风景图。

（13）五龙客家风情园

五龙客家风情园位于赣州市东南部，距市区 0.8 公里，距火车站 2 公里，交通便利，地理位置优越，东邻贡江，与赣县客家文化城隔江相望，这里山峦起伏，丛林密布，山清水秀，风景宜人，是距赣州城区最近，自然生态环境保存最好的一块净土。

五龙客家风情园占地面积 1500 亩，其中水面 300 亩，绿林 800 亩，首期投资 1.5 亿元，是由江西淦龙集团投资开发的一个以生态为主题，以客家为品牌，以龙文化为底蕴，集休闲游乐、旅游度假、会展科教、青少年素质拓展训练基地等多功能为一体的旅游胜地。

客家风情度假村传承客家建筑文化，集客家围屋之大成，园内建有龙安围（仿福建永定振成土楼）、龙居围（仿广州梅州围龙屋）、龙汇围（仿龙南杨村燕翼围）、龙庆围（仿龙南关西围）、龙凤桥等客家典型建筑，堪称客家生活、文化百科全书，四栋围屋将分别按照四星级、三星级、二星级酒店标准装修，能同时接待 600 人住宿、2000 人用餐，建成后将成为赣州接待能力最强的度假场所之一。还有雄浑古朴的龙腾阁，阁内能观赏到充满艺术气息的根石文化展，登上阁顶，赣州、赣县城貌尽收眼底。

动物园占地面积 300 多亩，现有动物 98 种，其中兽类 32 种、鸟类 66 种，园内建有兽类表演馆和鸟类表演馆，届时能观赏到精彩纷呈、惊险刺激的动物表演，令您惊叹可爱动物的神奇技巧，还有鸵鸟区、鸟乐园、猴池熊山、水禽湖、小熊猫馆、食草动物区等。

游乐园占地面积 120 亩，有弯月飞车、豪华转马、豪华波浪、飞碟、滑行龙、空中飞人、儿童乐园、疯狂巴士、滑翔飞翼、跑马场等 30 种游乐项目，让您乐在其中，回味无穷。

观赏植物园面积约 500 余亩，园内培、种植几百种名贵花卉、花木，是自然科普知识的学习长廊。

五龙湖水上乐园的水域面积有 300 多亩，分为浅水区、深水区、垂钓区三个活动区，欢乐碰碰船、水上战船在浅水区尽情对垒，明珠画舫在深水区飘荡游览、娱乐；垂钓区按国际标准建有混合钓区、台钓区和自由垂钓区，垂钓爱好者还可在幽静的水上小木屋上享受高档、别致的垂钓。

（14）龙南客家围屋

龙南县位于江西的最南端，有"江西南大门"之称，人口 30 万，土地面积 1641 平方公里，龙南旅游资源非常丰富，有国家级重点文物保护单位关西新围、国家级自然保护区九连山、省级风景名胜区小武当山等等。龙南矿产资源也很丰富，主要有稀土、钨、煤、石灰石、铁矿石等，其中重稀土储量居世界之首，被誉为"重稀土之乡"。当地主要名优土特产有龙南大蒜、龙南板栗、香菇。

客家围屋是颇具特色的客家民居，是客家文化的重要物化载体，它充分体现了客家人的高超建筑艺术，不仅被建筑学家誉为民俗建筑史上的奇迹，而且其深厚的文化内涵，更使历史学家、民俗学家、艺术家及众多的游客为之陶醉。客家围屋的外墙既是围屋的承重外墙，又是整座围屋的防御围墙。客家围屋与北京的四合院、陕北的窑洞、闽西的土围楼合称为中国"四大古民居"。赣南的客家围屋，主要分布在龙南、全南、定南、安远几个县，总数有 600 座左右。

其中以龙南最为集中。赣南的客家围屋多为方形，与闽西圆形的土楼和粤东内方外圆的围龙屋呈现出不同的风格。龙南县的围屋有 370 多座，形状各异，其中"方围屋"建筑数量之多、规模之大、风格之全、保存之完好，均属全国之最，成为社会各界人士考察观光、寻根问祖的热点。龙南最有名的客家围屋有 2001 年批准为国家级重点文物保护单位的关西新围、杨村燕翼围和杨村乌石围等。

关西新围，建于清代嘉庆至道光年间，迄今有 180 多年历史，是关西名绅徐名钧所建。徐名钧在兄弟中排行第四，故又称徐老四。徐老四曾经营木材生意发了大财，后又开药铺、当铺，资产越滚越大，成为一方富豪。因为子女增多，原居家围屋日显拥挤，于是耗资百万，费时十多年建造了这幢围屋，因未正式命名，与老围"西昌围"相对映，俗称为"新围"。

关西新围占地总面积 7700 多平方米。依山傍水，绿竹、池塘、农田、蓝天交相辉映。围屋呈长方形，墙高 10 多米，壁厚 1 米，四角有高大的"炮角楼"。墙上错落有致地布有许多枪眼和炮窗，森严肃穆。东西两座大门，东门为身份显贵者坐桥出入之道，西门为骑马进出之道。围内曲径通幽、轩廊飞檐、画彩镏金，主体建筑五组排列，前后三进，十四个天井，正中祠堂，对称分置十八厅，客家人传颂"九幢十八厅"在此可得充分印证。祠堂大门两旁置有两尊雕刻精美的雄雌石狮，母狮身上还雕刻有两只嬉闹的小狮，前方立一硕大照壁，照壁后面是花园，园内设有戏台，戏台正前是开合相间、赏景憩息的二层小阁楼。围内通道贯穿各列建筑，房屋百余间布局科学、结构严谨，它不仅具有安全防卫、防风抗震、调节阴阳、冬暖夏凉等功能，而且有丰富的客家文化内涵，每幢都有一个动人的故事，每一厅都有一个美好的传说。

杨村燕翼围全国重点文物保护单位之一，是该县目前历史最长、保存最好、建筑高度最高、最为坚固防御功能最齐的一座客家围屋，其考研价值和观光效果远在其他围屋之上，且当地还保存着比较浓郁的客家风情。

在新围的西门外，另辟一处占地1600平方米供人休闲的场所，名曰："小花洲"，洲内亭台楼榭，居中开挖一口680平方米的湖泊，湖中建一小岛，岛上有假山、塔石、石桌、石椅，两座小桥连接小岛。由于年代已久，岛上建筑早已被毁。

（15）九连山

九连山游览区距龙南县城88公里，地处商岭山地东段，面积4000多公顷。游览区内地貌复杂，从海拔280米的丘陵到海拔1434米的九连山主峰黄牛石，山峦起伏叠嶂，溪谷纵横曲折。

1981年经省政府批准建立了自然保护区。九连山由于没有受到第四纪冰川的直接破坏，一直保持着比较稳定的温暖湿润性气候。保护区内森林茂密，古老残遗植物繁多，原生性的亚热带常绿阔叶林密布，是我国亚热带东部森林生态系统保存较完整的典型地区。这里不乏珍稀的树木，如伯乐树、杜仲、银杏、鹅掌楸、观光木等，属国家第一批保护树种。在这丰茂的森林中，蕴藏着丰富的野生动物资源，其中属国家级重点保护的野生动物就有华南虎、云豹、白鹇、水鹿、金猫、巨蟒等12种。

九连山自然保护区有着得天独厚的自然环境和丰富的自然资源。其绮丽多姿的森木风光，清新幽静的山林美景，卧季宜人的气候条件以及丰富多彩的动植物资源，成为国内外专家学者进行考察研究的理想场所，更是人们森林探险、寻求刺激的旅游胜地。

（16）小武当山

小武当山矗立在江西最南端的龙南县武当镇境内，赣粤交界处，素有江西大门之称。小武当山风景区东接广东省和平县，南邻广东省连平县，西邻九连山亚热带原始森林，北起龙南武当镇。总规划面积13.5平方公里，主峰海拔864米，99座奇峰平地突兀而起，一排耸立，犹如直戟，奇石突兀，千姿百态，绵亘数公里，是赣粤边界胜景之一。

一望无际的石峰形成于古生代，大约在两亿年前地壳频繁运动，该处上各为砾岩群峰，处赣粤边境九连山断落层带的边缘，为典型的丹霞地貌，岩石呈赭色，表面圆润光滑，或壁立万仞，形似玉笋；或如姐妹相依，母子相抱，或如驼峰，或如牛角，或如堡垒，瑰丽多姿。据《龙南县志》记载，因该山雄峻多姿，故湖北均县武当山之名，称小武当山。后人简称武当山。

小武当山群岩俊秀，峰峦叠嶂，形如剑戟，直指苍穹。浩瀚雄峻的石林长廊分别是"武当胜地、叠翠霞谷、南海行辕"3大区域、10大景区、94处景观。《龙南县志》载，武当山南四峰及周围有风景点16处，山上建有山门、庵堂，其上各有一副对联。山门联曰："武将文臣皆下马，当天奏帝且停车。"庵堂联曰："武力不如法力，力修力行力作善；当仁何必让仁，仁心仁德仁为宗。"两侧对联均以"武"，"当"两个字为联首。山门和庵堂建于何时已无法考证，只知道清乾隆三十四年（1770年）重建过。后因年久失修，庵堂已倾塌，山门则留有残墙。现在当地旅游部门已将庵堂修葺一新。

（17）赣州客家文化城

客家文化城位于赣县，占地600亩，总投资6000万元。整体设计外方内圆，整个建筑风格即秉承了传统文化建筑理念，又结合了浓郁的地方人文特色，她集祭祀庆典、文博展览商贸活动、休闲娱乐为一体，是国内目前规模最大、功能最全的客家文化建筑群，是一座展示客家文化的"大观园"，是一座客家人的"精神家园"。

客家文化城是第十九届世界客属恳亲大会的重要参观点之一，中国（赣州）客家文化节主会场，中国客属第三届恳亲联谊大会主会场。城内包括客家宗祠、太极广场、杨公祠、艺术长廊、客家博物馆、风情街等主要景点。

赣南是历史上客家人的重要集散地和当今客家人最大的聚居地。历史上一直处于赣南中心的赣县，其地居赣江源头，籍舟楫之利，北扼中州，南抚百粤，东接八闽，西连三湘，加之地势开阔、土地肥沃、物阜年丰，成了最早接纳南迁中原汉人的重要一站，是客家人的主要发祥地、中转站、大后方之一。

赣县于汉高祖6年初建县，因《山海经》所记"南方有赣巨人"而得县名，《山海经》上有关赣县上洛山一带有"木客"的叙述，是人类对客家赣南最早的记载。作为赣闽粤金三角客家源头行政建制第一县，世代客家人在这里繁衍生息，在长期艰苦创业中孕育了"团结、勤俭、文明、开放"的客家精神和光辉灿烂的客家文化。至今仍有保存完好的客家古村白鹭、夏府宗祠群、田村契真寺、杨仙岭等古迹，独具风韵的抢打轿、烧瓦塔等客家民俗留传至今。

（三）吉安市

1. 概述

吉安市位于江西省西南部，辖2区1市10县：吉州区、青原区，井冈山市，吉安县、新干县、永丰县、峡江县、吉水县、泰和县、万安县、遂川县、安福县、永新县。总面积为25271平方公里。自秦朝置郡以来，吉安以其悠久的人文历史、良好的生态环境、丰富的自然资源和独特的区域位置，被世人誉为"风水宝地、革命圣地、旅游胜地、投资福地、发展高地"。

吉安市是一个以汉民族为主，多民族杂居的市。唐朝时期，畲族蓝姓由福建上杭迁入，但在封建统治下，被贬为无籍民，称"菁民"；元、明、清各代续有雷姓畲民从福建徙居于此。20世纪80年代后，因经商、移民、就业、调遣以及部分少数民族汉化后落实民族政策恢复本民族等等原因，境内少数民族人口日趋增多。

2000年第五次人口普查全市共有汉族人口434.79万人，占总人口的99.67%；32个少数民族共有1.44万人，主要为畲、回、壮、满、苗、瑶、蒙古、侗、土家、朝鲜、高山、独龙、京、黎、白、

布依、水、土、达斡尔、羌、藏、仡佬族等22个民族，其中以畲族人口居多，达9841人。

　　吉安市城区地势西高东低，从地势上看，属罗霄山脉中段，扼湖南、江西南省咽喉通道，地势极为险要，以山地、丘陵为主，山地占全市面积的51%，平原与岗地约占23%，山地与丘陵约占23%，水面约占4%。可概括为"七山半水两分田，半分道路和庄园"。它的四周，东邻抚州市的崇仁县、乐安市及赣州市的宁都、兴国县，南连赣州市的赣县、南康市、上犹县，西接湖南省的桂东、炎陵、茶陵县，北与宜春地区的丰城、樟树市及新余市、萍乡市接壤。市政府驻地吉州区，距省会南昌公里里程为219公里，距首都北京铁路里程为1805.6公里。属中亚热带丘陵山市季风湿润气候，具有冬春阴冷，夏热秋燥，初夏多雨，伏秋干旱，云系多，光照少，无霜期长等特点。

　　吉安是举世闻名的中国革命摇篮井冈山所在地。1927年，毛泽东、朱德等老一辈革命家在这里创建了第一个农村革命根据地，点燃了中国革命的星星之火，锻造了"坚定信念、艰苦奋斗，实事求是、敢闯新路，依靠群众、勇于胜利"的井冈山精神。在血与火的斗争岁月里，吉安人民前仆后继、不屈不挠，为中国革命作出了巨大贡献和牺牲，仅记录在册的革命烈士就有5万余人，从吉安走出去的共和国将军达147名。

　　吉安旅游资源十分丰富，"红、绿、古"交相辉映。井冈山被誉为"天下第一山"，属首批国家级风景名胜区，以井冈山、三湾、东固为代表的革命遗址遍布全市，拥有保存完好的革命旧址、遗址425处近千个点，其中国家级红色文保单位2处28个点，省级17处；全市森林覆盖率达66%，山清水秀，生态优美，现有武功山、青原山、玉笥山、白水仙等4个省级自然风景名胜区；庐陵文化久负盛名，文天祥纪念馆、欧阳修纪念馆、西阳宫等一批具有深厚文化底蕴的名胜古迹，吸引许多国内外历史文化人士前来观光考察。

吉安有丰富的自然资源。地下矿藏 50 多种，探明矿石储量 12 亿吨；山林总面积 2593 万亩，是国内杉木、湿地松、毛竹、油茶等经济林的重要生产基地；水资源达 215 亿立方米，可开发水能资源 157 万千瓦，全省最大的水力发电厂——万安水电厂就在吉安；全省最大的火力发电厂——井冈山华能电厂也在这里。

吉安有充裕的熟练劳力。全市现有普通中学 308 所，每年为全国各大中专院校输送优秀人才 2.3 万余人，有普通高等院校 1 所、中专和职校 54 所，每年可向社会提供 10 余万具有中等以上文化的劳动力。吉安有完备的涉外服务体系。已形成了由海关、检验检疫、市长直通电话、投资洽谈中心、外商投诉中心、办证服务中心、招投标中心构成的"七位一体"投资服务体系。一个"创业环境最优、商务成本最低、投资回报最快、服务效率最高"的新吉安，正以其独特的魅力吸引着海内外投资者纷至沓来。

吉安有良好的区位优势。这里位处香港、广东经江西到中原的核心地带，既是沿海腹地，又是内地前沿，北与长江三角洲对接，南与华南经济圈呼应，是中原通往东南沿海的"黄金走廊"。赣江水道及京九铁路、赣粤高速、井冈山机场，构成了水、陆、空"三路并进"的立体交通网络，区位优势日益凸现。

吉安是加速崛起的发展高地。改革开放以来，工业经济增势强劲，举全市之力建成市高新区和 11 个县区工业园，成功引进新加坡食品医药科技园、香港森泰集团、华禹通讯、航盛电子等一批重点企业，初步形成了电子、食品、医药、电力、建材、冶金等六大支柱产业，实现了由农业主导向工业主导的历史转型。农业结构不断优化，培育形成了无公害蔬菜、草食畜禽、特种水产、花卉苗木和特色果业等主导产业，是全国商品粮、商品猪和全省肉牛生产基地。以旅游为龙头的第三产业蓬勃发展，井冈山成为"中国优秀旅游城市"，武功山列入国家级重点风景名胜区，被评为"中国历史文化名村"，初步形成了红、绿、古交相辉映的大井冈旅游圈。努力推进由

红色圣地江西

二 主要城市风情

63

农业大市向经济强市、工业化初期向工业化中期、总体小康向全面小康的新跨越，一个文明、富裕、和谐的新吉安必将在江西中部加速崛起。

2. 历史沿革

秦始皇二十六年（公元前 211 年），始置庐陵县，属九江郡。汉代庐陵属豫章郡。

东汉兴平元年（公元 194 年），孙策分豫章郡置庐陵郡，郡治在今泰和县城西北 15 千米处。建安四年（公元 199 年），郡治迁西昌县治（今泰和县城西 1.5 千米）。西晋元康元年（公元 291 年），庐陵郡治迁石阳城（今吉水县城东北 8 千米处）。东晋咸康八年（公元 342 年），太守孔伦迁建郡城于今吉安市区孔家湾附近。

隋开皇十年（公元 590 年），庐陵郡改为吉州，迁建州城于今吉安市区赵公塘一带。大业三年（公元 607 年），吉州复改为庐陵郡。唐武德五年（公元 622 年），再改庐陵郡为吉州。永淳元年（公元 682 年），迁建州城于今吉安市区北门街道辖区内。天宝元年（公元 742 年），改吉州为庐陵郡。乾元元年（公元 758 年），复改庐陵为吉州。

宋开宝八年（公元 975 年），置吉州庐陵郡军事。南宋绍兴年间（公元 1131～1162 年），吉州庐陵郡领庐陵、吉水、安福、太和、龙泉、永新、永丰、万安 8 县。

元至元十四年（公元 1277 年），废吉州军事，置吉州路总管府，领庐陵等 8 县。元贞元年（公元 1295 年），改吉州路为吉安路。至顺年间（公元 1330～1333 年），析永新地设永宁县。

明洪武元年（公元 1368 年），废吉安路，置吉安府。清初沿明制，乾隆八年（公元 1743 年），析永新、安福地置莲花厅，吉安府辖 9 县 1 厅，直到清末。

民国元年（1912 年），废吉安府，莲花改厅为县，各县直属江西省。1914 年，置庐陵道于宜春，龙泉、永宁、庐陵三县分别改名为遂川、宁冈、吉安县。1916 年，庐陵道迁至吉安；1926 年，废庐陵道，各县直属江西省。1932 年，置第九地政区公署于吉安。1939 年，改第九行政区为第三行政区，设行政督察专员公署于吉安。

1949 年 6 月 30 日，中共江西省委召开第三次会议，决定成立中共吉安地方委员会、吉安公区行政督察专员公署。1951 年 7 月赣西南行政区党委撤销后，一直归属江西省。

1952 年，南昌专区的新淦县划入吉安专区。1953 年元月，吉安市改为吉安镇；12 月 16 日，复名吉安市。1954 年，吉安市改为省直辖。1957 年，新淦改为新干。1958 年，吉安市划为吉安专署领导。1959 年 1 月 1 日，撤宁冈县并入永新县。1960 年 1 月 7 日经国务院批准，恢复宁冈县建置，与井冈山管理局合署办公。1961 年 12 月 6 日，宁冈县与井冈山管理局分治，宁冈县属吉安专区。1968 年 5 月，改吉安专区为井冈山地区，井冈山管理局改称"井冈山革命委员会"并划归井冈山地区管辖。1978 年，恢复省辖管理局。1979 年，井冈山地区改名为吉安地区。1981 年 10 月，设立井冈山县，隶属吉安行署。1982 年 12 月，建立井冈山市。1992 年，莲花县划入萍乡市。2000 年 5 月 11 日，经国务院批准（国函 200040 号），撤销吉安地区，成立地级吉安市，同时撤销宁冈县并入井冈山市。

3. 特色特产

"红色旅游"是吉安市的一大旅游特色，尤其以将冈山旅游景区为首。"红色旅游"是指以中国共产党成立以后、新中国成立以前，包括红军长征时期、抗日战争时期、解放战争时期等重要的革命纪念地、纪念物及其所承载的革命精神为吸引物，组织接待旅游者进行参观游览，实现学习革命历史知识、接受革命传统教育和振奋精神、放松身心、增加阅历的旅游活动。红色旅游弘扬的是革命精神，采取的是旅游方式，满足的是人民群众的需求，是红色文化与旅游业的有机结合。

得天独厚的资源条件还使吉安自古享有"金庐陵"的美誉，被称为江南大地上的彩色明珠。"乌鸡、金橘、狗牯脑"是吉安地方特产三宝；泰和乌鸡，有凤冠、缨头、绿耳、胡须、丝毛、毛脚、五爪、乌骨、乌皮、乌肉等十大特征，通体洁白、体态优美，强身、药用功能显著，在1915年巴拿马国际博览会上定为观赏鸡。用千年栽培史的新干县三湖红橘，色泽鲜艳、酸甜可口，叶、皮、核、络都是良好中药，历史上曾为朝廷贡品。峡江鲫鱼和米粉、万安红玻璃鲤鱼和金丝枣、安福火腿、遂川板鸭美名天下扬。

享有"橘中之珍"的遂川金橘是全国金橘四大原产地之一，其形似鸽蛋，色泽金黄，皮薄肉厚，芳香沁人，营养丰富，具有止咳消痰的功效。遂川狗牯脑茶叶，叶细嫩，表附白绒毛，色碧中微露黛绿、莹润生辉，饮后清香甘醇，在1915年巴拿马国际博览会上荣获金质奖章和特等奖。

"甲于东南，驰名全国"的安福陈山红心杉木，材质优良，被历代朝迁列为贡材，还被选作毛主席纪念堂的建筑用材。

4. 民俗节庆

吉安灯彩：遂川县是井冈山革命根据地的重要组成部分，当年毛泽东同志曾在这里创建了第一个红色革命政权，遂川县位于江西省吉安市南部，东邻万安县；南界南康县、上犹县；西邻湖南省桂东县，龙陵县；西北部接井冈山市；北抵泰和县。距省会南昌市333公里，距吉安市117公里。

民间灯彩"五龙下海"是由民间艺人根据民间传说"太子斩蛇寻亲"的神话故事改编而成"五龙下海"又名"五股龙"。"五龙下海"灯彩通过全场紧密相衔，变化多端的12个精彩花节动作，再现出当年太子只身寻亲，不畏险阻，勇斩五蛇，终于找到了双亲的壮烈情景。

灯彩"五龙下海"主要分布在遂川县泉江镇、珠田乡、禾源镇、巾石乡等乡镇。遂川民间，在明代始兴行闹龙灯、香火灯、彩茶灯至今仍沿袭不衰。灯彩"五龙下海"，由珠田乡遐富境村邹氏约在明孝宗弘治年间从南康县邹家地移居遐富境村后发展起来的，至今有近400年历史。舞龙灯，就是闹新年，在正月初一过后，至正月十五闹元宵期间，灯彩队伍走乡串户、登门拜年、友谊演出，为欢度新年增色添彩，以祈求民间年年风调雨顺，五谷丰登。

中华民族都是龙的传人。遂川县原县名为龙泉县，因有二龙戏于武陵泷，土崩石裂、冲成泉道，后人因以名"龙泉"的记载而创造的"二龙戏珠"灯彩和后来由邹氏从南康邹家地传承带来的"五龙下海"灯彩，正是我县人民由龙的传说发展起来的龙文化艺术。独具特色的"五龙下海"灯彩，全舞声形并茂，观后给人一种与天奋斗其乐无穷、与地奋斗其乐无穷、与邪恶奋斗其乐无穷的勇气和力量。它充分体现了我县劳动人民的勤劳和勇敢，聪明与才智，在遂川传统民间艺术中有着独特的价值和地位，对于丰富人民群众的精神文化生活起着重要作用。

井冈山生产习俗祭窑：土籍人烧砖瓦窑时，窑匠师傅造窑，点火颇为讲究，有一套世代相传的习俗，称"祭窑"。一般的"祭窑"，实际上是祭祀火神。远古以来。先民就认为火是一种很神秘，又很有威力的自然力量；认为主宰火的是神，对他很崇敬。中国的火神是祝融，祝融是传说中的古帝，被后人尊为火神，又叫"火德星君"。

"祭窑"时，一定要宰杀雄鸡，滴血于窑门前，然后再点火烧窑，说是为了免除灾祸。相传古时有只九头恶鸟，被二郎神杨戬斩去一头，常年滴血不止，它到处飞鸣，其血滴在谁家院中，谁必遭祸事。只有见到火光，它才远远地飞开躲避。杀鸡滴血表示已破了九头恶鸟的邪气。

"祭窑"，除祭祀火神，杀鸡滴血避邪外，还要祭敬赵公元帅和

红色圣地江西

二 主要城市风情

李广先师，说是希望砖瓦一火烧成功，不出废品次品。所以，窑师行祭时，常常在窑门前写明"赵公元帅，李广先师神位"。然后杀雄鸡、洒鸡血，焚香鸣炮，酹酒礼拜，将鸡头插在窑门上，口中念念有词："先师坐东朝，弟子今开窑，一盅雄鸡酒，叩敬先师尝，有事弟子在，蒙师多关照"，最后点火烧窑。

井冈山土籍人传统婚俗招郎：招郎即是男嫁女方，既无三查、六礼，也无繁琐的结婚程序，男女各方亦没礼物过往，一般各人自理。婚前订立合同书（俗叫合字），写明以后子女和财产的继承问题。新中国成立前女方必须请家族长辈前来商议招赘有关事宜，其中有关条件是男方必须改称女方姓氏，取个女方的辈分，这样才可以得到女方家族兄长的认同，获得本族男人同等待遇。新中国成立后，新事新办，废除了这些不平等的人生权利。但婚礼一般还是由女方承办。并提倡独女户家庭男到女方落户。

道情：道情俗名"打绷绷"，流传于吉安、吉水、永丰、峡江、安福、泰和等地。道情原出于道教在宫观里所唱的"经韵"，后来吸收词牌或曲牌，演变成为"新经韵"，又称"道情"。民间艺人演唱的道情，始于宋代，兴于清朝。艺人多出自"圣恩堂"，他们左手抱渔鼓，右手掌击鼓面，敲打时，发出"彭彭"响声，沿门乞讨，唱一些宣扬"忠孝节义"的曲子。后来有艺人根据传奇故事、民间故事编唱一些长篇曲目，可以登堂入室，连篇坐唱。

道情为1人或2人演唱，2人或多人帮腔，有说有唱，以唱为主。唱词多以方言押韵，土话道白，有时稍带官腔官韵。演唱形式，一种用渔鼓伴奏，一种用二胡伴奏。用渔鼓伴奏时，根据唱词感情的需要，可以击出各种不同的节奏。用二胡伴奏时，除过门和托腔外，还充分利用二胡换把、滑音和泛音的特点，形象地表现人的对话，如"唔"、"啊"等和开门声如"叽呀"、锣鼓声"咚咚匡"等各种声音效果。

吉安道情的曲调结构有：引子（过门）、曲头（八句开头语）、叙板（既说又唱，七字一句，四句一归宿，亦可有长短句）、快板、尾子（结束段）。总体特色是：说唱为主，表演为辅，叙表见长，代言为辅；一人多角，以少胜多；自奏自唱，形式简便。演唱时，但问渔鼓彭彭，琴声柔扬，别有一番情趣。

5. 美食餐饮

庐陵菜主要特色是，选料精细，讲究刀工，注重火候，在烹调上擅长烧、焖、烧炒，注重保持原汁原味，突出鲜香，偏重口感的爽而不腻和兼有辛辣，在质感上讲究酥、烂、脆、嫩。原料大都是选用当地的土特产，故地方特色浓厚，庐陵风味佳肴甚多，如脍炙人口的"全副銮驾""永新狗肉"诱人垂涎的家乡肉"血鸭"文山鸡丁宴席上品滋补乌鸡，肉麻细嫩的"万安玻璃鱼"，味美肉嫩的"炒石鸡仁"奇香异味的千煸橘丝等等均是久负盛名的珍肴。

除了井冈南瓜汤、茅坪粉蒸鹅、石鸡两吃、滑炒石鸡仁、竹筒石鸡、白云竹笋、金钱笋等佳肴外，还有八宝小竹笋、吉泰三宝、清蒸玻璃鲤鱼、双层肚丝、家乡肉、莴麻炒鳝鱼、连皮菊花心、干煸橘皮丝、东固霉鱼、井冈南瓜饼、脆皮南瓜、井冈红米饭、庐陵香质肉、烤地虎、三味葡萄乌鸡丸、滋补乌山鸡、锦绣鸡丝、庐陵两味鱼丝、三味椰球、堆花鱼圆等名菜。

红薯丝饭是从前井冈山区的传统主食，新中国成立前，当地就流传着一首民谣："薯丝饭，木炭火，除了神仙就是我。"这首民谣反映了当年井冈山区的清贫生活和山区居民追求起码的温饱生活的意愿。

红薯丝，是将红薯加工而成。一般是在农历九月后，将红薯洗净，用手刨成细丝，应先将大米下锅煮至五成熟。用笘箕捞出，此时才将干红薯丝拌于刚捞出的米饭内，用木甑蒸熟。蒸好后的薯丝饭，喷香津甜，初吃尤其觉得有滋味。薯丝与大米比例，可多可少，随主人经济状况而定，一般为一比一左右。新中国成立前，黄坳、下七山区客籍人粮食紧缺，饭中拌入薯丝较多，甚至有"三根薯丝扛粒米"的形象说法，新中国成立后黄坳、下七为林区，林区缺粮农户，多由国家返销粮食，主粮以大米为主，红薯多用来加工薯片或用作饲料。薯丝虽然比过去少了，但勤俭的客籍人民，有时也会晒点干薯丝，尝尝新薯丝饭，换换口味。

石耳是井冈山的山珍，武山鸡又是井冈山下武山特有的一个鸡种。石耳炖武山鸡，具有清热，降压，滋阴，补气的作用。

6. 旅游景点

（1）白鹭洲书院

白鹭洲书院位于吉安市东的赣江中白鹭洲上。自宋代以来，这里名人辈出，成为人文荟萃之区，素来享有"文章节义之邦"的盛誉。据文献记载，白鹭洲的得名，渊源于唐代著名诗人李白诗中的"三山半落青天外，二水中分白鹭洲"之名句。由于白鹭洲屹立于浩阔的赣江之中，双水夹流，情景正与李白之诗句相合，所以被用作洲名书院建于南宋淳佑元年（1241年），吉州太守江万里为来此讲学的程大中、邵雍、周敦颐、张载、程颐、朱熹等6位儒学大师立祠建书院。

白鹭洲的开发有着悠久的历史。这里初为禅林胜地。南宋时期（1241年）新任吉州知府江万里（后任南宋丞相）在这里筑学舍，设讲堂，创建了"白鹭洲书院"，最初自任山长，讲学其中。（1256年）科考，书院生员文天祥为进士第一，高中状元，同榜吉州进士39名，名震朝野，宋理宗亲书"白鹭洲书院"匾额，悬挂于书院大门，以示褒奖。从此，书院名声大振，与庐山白鹿洞书院、铅山鹅湖书院、南昌豫章书院并称江西四大书院。

白鹭洲书院自宋代创建，迄于清代，数百年来，造就了大批人才，尤其是培养了像文天祥这样出类拔萃的世代楷模，是这所书院的骄傲。清代曾在白鹭洲书院主持讲席的著名学者施闰章有诗赞道：

"鹅湖鹿洞寻常事，不信风流限古今。"760 多年来，这块对庐陵文化发挥过重要作用的教育圣地、培养人才的摇篮一直文风鼎盛，桃李满天下。

白鹭洲书院创建后，历经沧桑，屡遭水患，毁而复修。省级重点文物保护单位云章阁、风月楼是书院的旧址。在新建的院门上，悬挂着著名历史学家、教育学家周谷城手书的"白鹭洲书院"匾额，院中草绿木荣，花团锦簇，修葺一新的云章阁迎面耸立。这幢两层砖木结构楼阁，高 8.7 米，占地面积 274 平方米。下层为山长厅，上层为藏书楼。与云章阁紧紧相连的风月楼，高 14.7 米，占地面积 114 平方米。三层重檐，四面花窗，造型别致，气势雄伟。正面的红石柱上镌刻的一副长联"千万间广厦重开看杰阁层楼势凌霄汉；五百里德星常聚合南金东箭辉映江山"，是对白鹭洲书院业绩的生动写照。此外，半月池、复古亭也是书院的古建遗存。

（2）白水仙风景区

白水仙风景区位于江西省遂川县东部的碧洲镇境内，与万安、赣县接壤。这里古木参天，修篁如剑，溪流回环，风光秀丽。

白水仙有一个三叠瀑布，飞银泻玉，终年不息，气势磅礴。第一瀑为仙女瀑，高达 86 米，宽 10 米。远看宛若白衣仙女依山伫立。第二瀑叫珍珠瀑，高约 50 余米，泉流碎如珍珠，玲珑剔透。第三瀑称登山瀑，高约 30 米。三叠瀑布首尾相衔，恰似一条柔和的玉带。

离白水仙瀑约 300 米远的另一山中，还有个 5 级瀑布，称作"七星瀑"，其中最低一层，一个丈余宽，逾两丈长的石盆嵌于悬崖陡壁上，形似斧凿，实为天工。瀑布自上泻入，在此形成巨大旋涡，又从盆沿飞溅出去，有如仙女在沐浴戏耍，人们称之为"仙女浴盆"。

白水仙的山势也很奇异。"一线天"系地壳运动裂而成，一山裂为两半，中央形成了一条深 200 米、宽约 1 米的山槽。抬头仰望，只能见到一线天空。鹰嘴崖，是一块大巨崖，远眺形似鹰嘴，形神

二 主要城市风情

毕肖。仙药臼，是在色泽明亮的白石崖上，天然雕琢的几个圆孔，孔形酷似药臼，相传为仙人捣药之处。撑腰石，是一块高约 10 米，形状怪异的巨石，游人到此，必在石上休息片刻，相传能健腰怯痛，此俗沿袭至今。此外还有"瞻馀望月"、"棋盘石"等。

白水仙的人文胜迹也颇具特色。仙姑庙位于景区中心，秀水环绕，环境幽静。相传有 3 姐妹在此岩上学道，遇一仙人授以丹砂。仙人缟衣而立，白日飞升，后人便建了这座古庙祭祀她们，白水仙也由此得名。还有葛仙岩、观音阁、文昌宫等胜景，也是游览的好去处。

白水仙风景区以山水翠竹为主要特色，分白水风情、飞瀑大观、竹海神韵等景区，有白水仙庙，白水瀑布群、水口峰等景点。

（3）吉州古窑址

窑址位于吉安县永和镇西侧赣江江畔，距吉安市约 11 公里。遗址长 2 公里，宽 1 公里。24 座古窑包如岗似岭，星罗棋布；一条条用匣钵和窑砖砌成各种图案花纹的长街古道纵横交错；瓷片和窑具遍地可见，俯拾皆足。

吉州窑兴于晚唐，盛于两宋，衰于元末，因地命名，因当时水和又为东昌县治，故义名东吕窑、永和窑。吉州窑产品精美，尤以黑釉瓷产品著称，其"木叶天目"和"剪纸贴花天目"饮誉中外。古窑遗址上，有一座末代本觉寺塔，塔高 25 米，六面九层，巍然耸立，与古朴的窑包和仿占园林式厂房交相辉映。

（4）文天祥纪念馆

文天祥纪念馆位于吉安县城的文山公园内，距吉安市约 10 公里，建于 984 年。

文天祥（1236～1283 年），字履善、宋瑞，号文山，庐陵人。南宋大臣，文学家，伟大的民族英雄。20 岁中状元，39 岁奉诏勤王卫国，40 岁任右丞相兼枢密使，督诸路军马抗元，兵败被俘，于是 1283 年 1 月 9 日英勇就义。留下《指南录》和《指南后录》等诗作，记载了他奋勇抗元斗争的光辉历程，堪称"诗史"。狱中所作《正气歌》，尤为世人所传颂。

文天祥纪念馆为一组仿宋建筑，雄跨松竹葱郁的山冈之上，前监昌赣公路，依形就势，气派非凡。进入高大精美的牌坊，跨过监安桥，登上47级石阶，便是雄伟壮丽的文信国公殿。此殿为两层楼阁，红柱黄瓦，挑角飞檐；底层中央为文天祥塑像。馆舍为四合院结构，中为天井，四周长廊连结文山阁、四贤祠、竹居、状元楼、诗碑楼等。馆内陈列有文天祥生平及其遗物、手迹、著作等，还有当今名人的书画作品。

文天祥墓在吉安县富田乡，距吉安市约50公里，于元至元二十一年（1284年）修建。1982年、1983年经政府两次拨款修葺、立碑。

纪念馆主体建筑是一组中轴对称的仿古建筑群，正气堂高大宏丽，重檐翘角，与东西厢房、庑、诗碑有曲廊相接，形成一个大四合院；院中绿树、绿篱、绿草错落有致，与房屋的黄瓦红墙、石栏交相辉映；花香阵阵，鸣鸟伴和低回的古乐声，环境尤为优雅。纪念馆分五个展厅、六个部分，通过文物、文献、图片、图像、绘画、图表、雕塑、碑刻、蜡相等实景布置，艺术地展示了文天祥光辉的人生里程。

（5）青原山

青原山江西著名风景名胜区，它景色秀丽，环境幽静，气候宜人，被誉为"山川江西第一景"。

青原山海拔320米，峰峦连绵10余公里，山上古木蓊郁，奇葩芬芳，碧泉翠峰，各具情趣。潭、泉、溪、峡共30余处，喷雪、虎跑、珍珠、水三叠等飞瀑流泉，并泻于密林之中；攀天岳、芙蓉、翠屏、华盖诸峰，挺拔巍然，秀色如绘。

自唐代起，青原山就是佛教圣地。全国重点保护寺庙之一的净居寺坐落山中。该寺占地约1万平方米，主体建筑有天王殿、大雄宝殿、观音阁，整座寺院巍峨雄伟，金碧辉煌，布局合理，小巧精致，是独具江南建筑特色的古寺。

唐代开元二年（714年），佛教南宗六祖慧能派弟子行思从广东韶关曹溪山南华寺到这里开辟佛堂，广收僧徒，宣扬南宗的"顿法"。一时间，这里香火鼎盛，成为江南佛教圣地。

青原山又是一座驰名四海的文化名山。与净居寺并立的青原会馆，是吉州郡最早的书院之一，一度是全国著名的理学讲坛。唐宋以来，许多文人学士纷至沓来，或游山玩水，或探奇访古，或讲学授徒，或读书励志。唐代大书法家颜真卿；宋代诗人黄庭坚、杨万里，宰相李纲、学士胡铨、丞相周必大，民族英雄文天祥；明代大学士解缙、杨士奇，理学家王阳明、邹元标，地理学家罗洪先、徐霞客，以及学者方以智、施闰章等，都在青原山留下了珍贵的墨宝和脍炙人口的诗文，仅《青原山志》中就收集了500多篇诗文，至今仍熠熠生辉。

现在山中有净居寺、七祖塔、飞来塔、祖关、待月桥、迎风桥、龙潭、虎跑泉、试剑石等名胜古迹供人游览。

（6）钓源古村

钓源古村位吉安城西17公里处，有一座充溢着古朴神韵的村庄——兴桥镇钓源村。走近村庄，满眼是绿。延绵的岗地环绕幢幢青砖黑瓦的民居，仅北部小山上的林带，就有18000多棵葱葱茏茏的古樟树，分外醒目的是村祠"忠节第"前的4株古柏，直径1米有余，树龄近千年。

民居依两边的坡势铺展，7口大小不一的水塘串联，把村庄分成南北两半。一条条青石板铺就的巷道，曲折迂回伸向各幢古宅。从平整、光洁的青石板上走去，只见老屋高低错落，排列有序，显得幽得与苍老，引人入胜。全村现有村民150多户，800余人，存有明清建筑150多处，宗祠、家祠9座，书舍5处，古石桥2座。风姿各异的历代建筑，如一幅幅淡淡的民俗风情画，令人赏心悦目。建筑风格的丰富多样，隐含太极八卦的结构布局，形成了钓源古村群落的显著特色。

青石板铺成的巷道两旁，是四通八达的排水沟，天下大雨，巷中无积水，房屋前后瓦檐上的骑瓦封火墙，刺向蓝天。幢幢民居，既有常见的单檐屋面，又有不多见的垂檐瓦顶；既有1进2厢、2进4厢式厅房，又有庭园式、院墙式等风格迥异的居室。令人不解的是，钓源村大多是"歪门邪道"，巷路、村道、塘岸没有一条是笔直到边的，建造者有意为之，巷道时宽时窄，院角有圆有方，墙面有正有侧，形成回环往复、参差跌宕的格局。专家们考证，这是迎合古代阴阳八卦的理念，显现"天人合一"的道理。钓源村几乎汇集了我国南方古代民间建筑的主要基本类型，誉为浓缩我国古村建筑风韵的瑰宝。国内外许多专家、学者前来考察，对该村的古建筑赞不绝口。

近几年来，钓源的魅力逐渐被人们发现，被人们欣赏，为人们所赞叹。中央电视台、人民日报等各大新闻媒体争相报道，掀起了一个钓源热。台湾大学硕士研究生张曦慕名前来，美国哈佛大学东方文化研究中心博士研究生荷安娜女士也闻讯前来参观考察，香港"城市大学"更是一批批地组织师生前来考察，并将钓源定为其教学实践基地。

钓源古村有五大神奇："太极八卦"布局奇、古建风格特色奇、"歪门邪道"之谜奇、雕饰鼠麟寓意奇、中西合璧别墅奇。

（7）井冈山

革命摇篮井冈山位于江西省西南部，湘赣边界、罗霄山脉中段，山势高大，地形复杂，主要山峰海拔多在千米以上，最南端的南风屏海拔2120米，是井冈山地区的最高峰。井冈山风景名胜区是1982年国务院公布的第一批国家级重点风景名胜区。1991年又被评为中国旅游胜地四十佳之一，同时还是全国百家爱国主义教育示范基地和全国十佳优秀社会教育基地。2007年5月8日，吉安市井冈山风景旅游区经国家旅游局正式批准为国家5A级旅游景区。

井冈山市面积665平方公里，人口5万余人，辖五乡一镇、一个省属综合垦殖场和一个自然保护区。市政府坐落在崇山峻岭之间的茨坪盆地里。井冈山地面积为总面积的89％，森林覆盖率高达64％，有"绿色宝库"之称，全境有原始森林面积近7000公顷，植物种类有3800多种，其小高等植物2000多种，木本植物800多种。中国特有或世界稀有树种有观光木、鹅掌楸、香果树、银杏、黄杉、冷杉、台湾松、福建柏、银钟花等上百种。井冈山又是天然动物园，840多种动物栖息在这里，属于同家一、二、三级保护动物有黄腹角雉、短尾猴、华南虎、云豹、大灵猫、原麝马鹿、毛冠鹿等20多种。由于动物资源丰富，1981年井冈山设立了面积达16.6平方公里的自然保护区。

井冈山属中亚热带湿润季风型气候，雨量充沛，气候宜人，夏无酷暑，冬无严寒，年平均温度为14.2℃。井冈山属山岳型风景名胜区，总面积213.5平方公里，分为茨坪、黄洋界、龙潭、主峰、桐木岭、湘洲、笔架山、仙口八大景区。景观景点汇雄、奇、险、峻、秀、幽的自然风光特点。

井冈山集革命人文景观与旖旎的自然风光为一体，革命胜迹壮丽河山交相辉映光照千秋，风景名胜区面积达213.5平方公里，分为茨坪、龙潭、黄洋界、五指峰、笔架山、仙口、桐木岭、湘洲八大景区，有景点60余处，景物景观270多个。景观分为八大类：峰峦、山石、瀑布、气象、溶洞、温泉、珍稀动植物及高山田园风光，还较好地保存了井冈山斗争时期革命旧址遗迹29处，其中10处被列为全国重点文物保护单位。

雄伟的山峦，怪异的山石，参天的古树，神奇的飞瀑，磅礴的云海，瑰丽的日出，烂漫的杜鹃，奇异的溶洞，令人心旷神怡，流连忘返。这里夏无酷暑，冬无严寒，气候宜人，四季成游，春赏杜鹃、夏观云海、秋眺秀色、冬览雪景。是观光游览、避暑疗养、科学考察、历史研究的好去处。难怪中国当代文豪、著名历史学家郭沫若同志在瞻仰革命遗址，游览龙潭风景区后，发出"冈山下后，万岭不思游"的慨叹。

据 1986 年的拿山乡古墓挖掘考证，早于公元前 206 到公元 220 的东汉，便有人开始在井冈山生活居住。三国时，井冈山属吴国扬州文成郡；西晋时，井冈山为庐陵西昌县管辖。南北朝属江洲地域，庐陵郡泰和、遂兴两县，现拿山为泰和县，黄坳一带为遂兴县。隋属江洲地域庐陵郡和吉州。唐为吉州泰和县属。五代为吉州泰和、龙泉，现拿山、厦坪为泰和，黄坳属甘泉县。宋为吉州泰和、龙泉县。元为吉安路泰和、龙泉县。明为吉安府辖全境。清为吉安府，辖拿山地域，黄坳辖龙泉地域。

千年的历史变迁，不变的青山秀水，积淀下来的是浓郁的地方文化。从 1927 年红色的铁流融汇在井冈山之后，井冈山的生命力得到了焕发，"星星之火"不仅燃遍了神州，同时，凝聚成了不朽的井冈山革命精神。传奇的石刻碑帖，淳朴的民间风俗，优美的民间传说，丰富的文学作品构成了井冈山的深厚的人文背景。

（四）上饶市

1. 概述

在中国最长的河流长江中游的南岸，背靠国家级风景区三清山，面对中国最大的淡水湖鄱阳湖，有一片神奇而又富庶的土地；这里资源丰富，山川秀丽，交通便捷，经济发展强劲。这就是自古以"山郁珍奇"、"上乘富饶"著称的江西省上饶市。

上饶市，辖 1 区 1 市 10 县：信州区，德兴市，上饶县、广丰县、玉山县、婺源县、波阳县、余干县、万年县、弋阳县、横峰县、铅山县。市总面积约 22826 平方公里，总人口现有 631 万，有 28 个民族。

境内东南北部三面环山，西部临水，中部丘陵广布。基本地貌以山地、丘陵、湖泊为主。地型大势由东南向西北倾斜。东西向依次为边缘山地、丘陵、平原和湖泊。北部黄山尾闾蟠结在皖赣之间，东部怀玉山脉绵延于赣浙边境，东南部武夷山脉迤逦入赣闽怀抱，西北部则与九江、南昌共托全国最大的淡水湖——鄱阳湖。上饶市属中亚热带湿润型气候。由于气候温暖，光照充足，雨量充沛，无霜期长，农作物生长十分繁茂。

在这片美丽的土地上，养育了"中国铁道之父"——詹天佑，著名理学家朱熹等贤哲，历代众多的文人墨客、名人雅士无不欣然而至，为之倾倒，南宋辛弃疾晚年寓居上饶，写下数百首吟唱古今的诗句，唐代"茶圣"——陆羽在此写出了我国最早的一部茶叶专著《茶经》。曾几、韩元吉、夏言等名士都曾在这片土地上留过足迹，这片美丽而富饶的红土地还养育了方志敏为代表的一大批无产阶级英雄志士，《可爱的中国》激励着一代代的中华儿女，还有记载着上饶革命斗争精神的上饶集中营等。诸多的名胜古迹和现代文明异彩流光，瑰丽多姿，成为上饶市文化昌明的历史见证。

上饶自然资源丰富，土地面积占全省近 1/7。有亚洲第一大铜矿——德兴市铜矿、全国第一大淡水湖——鄱阳湖、华东第一高降——黄岗山。矿产资源在全省乃至全国都有一席之地，已探明的矿产资源达 70 余种，真中铜、金、银、铅、锌素有"五朵金花"之称。旅游资源更是得天独厚，有三个国家级森林公园——婺源古坦灵岩洞、铅山鹅湖山、弋阳龟峰；两个国家级风景区——三清山和圭峰（龙虎山景区）；三个特色旅游点——婺源明清古建筑群、鄱阳湖候鸟保护区、葛仙山宗教旅游胜地。三清山以其雄、奇、险、峻，被称为"江南第一仙峰"；天然盆景圭峰，被叹为"江上圭峰天下稀"；婺源县已被确定为全国生态、文化旅游县，被誉为"中国农村最美的地方"和"最后的香格里拉"。

上饶素有"江西东大门"之称，区位优势十分明显，直接面临江、浙、沪、闽等沿海开放地区，交通通讯十分便利。320 国道、206 国道以及正在开工建设的 311 高速公路穿境而过；浙赣、皖赣和横南铁路纵横交错；周边建有两个飞机场；电讯通讯直达世界各地。

2. 历史沿革

上饶之名得于"山郁珍奇"，素称富饶之地。

秦属九江、会稽、丹阳 3 郡。汉为豫章、会稽、丹阳 3 郡。三国吴属鄱阳、会稽、新都 3 郡。晋属鄱阳、新安、信安、建安 4 郡。隋开皇九年改鄱阳郡为饶州，后罢饶州复鄱阳郡。唐武德五年改鄱阳郡为饶州，是域属饶州、衢州、歙州。乾元元年析饶州之弋阳、衢州之常山、玉山 3 县置信州，是域属饶州、信州、歙州，隶江南东、西 2 道。宋主属信州上饶郡、饶州鄱阳郡，隶江南东路。元主属信州路、饶州路及铅山州，隶江浙行中书省。明洪武九年分江西为五道，是域主属九江道饶州府、湖东道广信府。清沿明制。民国初主属豫章道、浔阳道。

1932 年主属江西第四、第六行政区。1949 年 5 月 3 日，上饶县解放，广平镇及附近部分城区析出建立上饶市，全市总面积 64.68 平方公里，隶于上饶专区。1960 年 3 月，上饶县并入上饶市，全市总面积扩至 2554.68 平方公里。1964 年 4 月，上饶县重新分出，上饶市辖域仍同建国初。1993 年 5 月，经江西省人民政府批准，将上饶县的沙溪镇、灵溪乡、秦峰乡、朝阳乡划归上饶市管辖，市域面积扩到 338.6 平方千米。相当于原有面积的 5 倍，仍隶属上饶地区行政公署管辖。2000 年 7 月 10 日，根据江西省人民政府通知，撤销上饶地区和县级上饶市，原上饶市改称信州区，隶属新设立的地级上饶市管辖，隶属新设立的地级上饶市管辖。

3. 特色特产

农民艺术节：农民艺术节是上饶市政府主办的重大艺术活动。

艺术节汇集近年该市在农村文化建设方面的最新成果。艺术节期间，举行专场文艺演出，举办农民摄影，农民书法、农民美术、农民艺术作品展览，全方位展现上饶地方特色和艺术个性，推进社会主义新农村建设。

万年贡米：产于荷桥一带。产品粒大体长，其形似梭，质白如玉，糯而不腻，香软可口，营养丰富。贡米种植始于南北朝时期。

玉山乌猪：因全身毛黑而得名，系当地长期选育的良种猪。乌猪体形较小，全身浑圆，背凹、脚小、嘴唇短、两耳下坡并略向前翘，俗称"萝卜猪"。具有耐粗料、早成熟、皮薄、肉嫩、味鲜等特征。

上饶白耳鸡：为蛋肉兼用型地方良种家禽，明代中期开始饲养。肉味鲜美，骨骼纤细，含肉率高，为妇女产后滋补上品。

荷包红鱼：相传明万历年间，婺源沱川人余懋学任南京户部右侍郎时，因巡守有功，神宗皇帝赐御花池内的红鱼作为奖赏。余懋学告老还乡，带回红鱼繁殖成现在的婺源荷包红鱼。烹饪多为蒸、炖、焖为主，肉质细嫩，味道鲜美。

芦田灌心糖：芦田乡生产的灌心糖属传统名产，以糯米、籼米、芝麻、白糖为原料精制而成，有皮薄馅多，松脆可口，味甜清香等特点。

天桂梨：由水晶梨引种培育而成的地方名优产品，肉质脆嫩，不变色，糖分含量高，系广丰县农业"三大"支柱产业之一。

婺绿：分珍眉、贡熙、雨茶等花色，此外尚有茗眉与翠峰特种茶。以茗眉最优。唐时婺绿被列为全国六大绝品名茶之一，明、清时为贡品。

茗眉茶：因条索纤细如仁女之眉而得名。成品具香气清高持久、茶味醇厚鲜爽、汤色碧绿澄明、芽叶柔嫩黄绿、外形细紧纤秀、挺锋显毫、色泽翠绿光润等特色，为眉茶中的极品。婺源产茶唐时已有。

清华婺酒：清华婺酒以优质大曲酒为基础，加当归、砂仁、檀香、灵芝等12种名贵药材配制而成，曾被誉为江西四大名酒之一。清华婺酒色泽金黄，芳香浓郁，营养丰富，具有补血，活血，健胃养颜之功效。

江西牡荆：味辛、苦，性温。具有平喘、镇咳、祛痰、祛风、行气止痛之作用，主产于德兴、上饶等地。

铅山连史纸：因能防虫耐热，久不变色，被誉为"纸寿千年"，故称"连史"。始于北宋时期，原产地在天柱山乡浆源村及皇碧乡两地，至明代乃广为制作。

婺源墨：该县旧属徽州府管辖，又称徽墨。历来以清香四溢、入纸不晕、书写流利，浓黑发亮防腐防蛀，经久不变等特点著称。早在南唐时期，就有"天下之墨推歙州"之说。乾隆庚申年（1740年），为皇宫制作的御墨模制精细，造型新奇，款式别致，为清墨中罕见珍品。

龙尾砚：产于龙尾山，该地自唐开元元年（713年）至北宋宣和三年（1121年）属歙州管辖，故又称歙砚。有涩、细、润、坚四大特点。涩，石有锋芒，发墨如砥；细，墨膏稠腻，且不损毫；润，石质坚密温润，贮水难干，墨色不燥；坚，坚劲耐磨，经久不乏。该砚自初唐始采制生产，迄今有1200余年历史。初时规模甚小，至南唐成为官办，从而进入鼎盛时期。宋元佑以后，被列为贡品。元代以后，制砚生产日趋低落。

4. 民俗节庆

上饶市内有28个民族，汉族占总人口的99.8%。聚居且人口最多的少数民族为畲族，主要聚居在铅山县太源畲族乡，其他各少数民族均散居全市各地。

上饶市境内的铅山县是江西畲族居民主要的集居地，人口3000多人，畲民一年四季都有祈福的习俗，希望一年四季风调雨顺、五谷丰收。二月初一，做"春福"，表示春耕开始，希望禾苗茁壮成长。立夏，做"立夏福"，家家做立夏果。白露时节，做"白露福"。秋收时节，做"秋福"，庆丰收。冬至，做"冬福"，吃麻糍果。除夕过年做"年满福"，吃长命饭，祝岁岁平安。

每年三月三，畲民家家户户蒸糯米饭祭祖，并以此馈赠亲友。三月三糯米饭节来个来历，相传畲族英雄雷万兴被官府抓去，乡人为了让他在牢中吃上饭。便把糯米饭用树叶汁染黑，狱卒见糯米饭乌乌黑黑，以为肮脏，不敢扣留。雷万兴出狱后，于农历三月初三带领大家下山复仇，胜利后又蒸乌糯米饭庆贺，于是三月三吃糯米饭成了一个节日。

畲族民生活在山区，重视体能锻炼，酷爱体育活动。武术、舞刀、摔跤、打火球、爬竹竿、扳手劲、挤手力、爬山崖等，都是畲族民间流传十分有趣、别具一格的体育活动。练拳习武之风盛行，经千百年传承，已形成独特的民间武术。畲族文学艺术十分丰富。山歌和民间口头文学是畲族文学的主要组成部分。即使在山间田野劳动，探亲访友迎宾之时，畲民也常常以歌对话。流传下来的山歌约有1000多首，四五万行。在长篇叙事诗歌中，最著名的就是《高皇歌》，又称《盘古歌》《龙皇歌》《盘瓠王歌》，是一首长达三四百句的七言史诗。它以神话的形式，叙述了畲族始祖盘瓠立下奇功及其不畏艰难繁衍出盘、蓝、雷、钟四姓子孙的传说。畲民还用彩笔把这一传说的40多个画像连环式地绘在一幅十来丈长的布帛上，世代珍藏。

畲民能歌善舞，不仅在嫁娶喜事逢年过节时唱，而且日常生产劳动、接待客人、闲暇休息、谈情说爱，甚至丧葬时也唱。新婚之夜，男男女女聚集在溪边、林中、坪地，通宵达旦盘歌。婚娶时，男方要委派一位最好的歌手充任"亲家伯"，挑着礼物上女方家，女方的朋友"群起而攻之"与亲家伯盘歌，亲家伯只有大获全胜，男方才能如愿以偿娶回新娘。新娘临出嫁前，必须由母亲或嫂嫂为她梳"凤凰头",戴上梯形"凤冠",冠上再覆一条"凤雷巾"和象征盘、蓝、雷、钟四祖的白银制的四个方块装饰品。

畲民的传统服饰,斑斓绚丽,丰富多彩。服装崇尚青蓝色,衣料多为自织的麻布。衣领、袖口和右襟多镶花边,有穿短裤裹绑腿的习惯。尤其是妇女的发式与汉族不同。少女喜用红色绒线与头发缠在一起,编成一条长辫子,盘在头上。已婚妇女一般都头戴凤冠,即用一根细小精制的竹管,外包红布帕,下悬一条一尺长、一寸宽的红绫。老、中、青不同年龄的妇女,发间还分别环束黑色、蓝色或红色绒线。冠上饰有一块圆银牌,牌上悬着三块小银牌;垂在额前,还插一根银簪,再佩戴上银项圈、银链、银手镯和耳环,显得格外艳丽夺目。

傩舞:傩舞是我国古代长江流域流行的一种舞蹈,舞者戴着各种质朴而夸张的面具,带有鲜明的巫术色彩,最早是一种祈福和祷告的仪式,后来逐渐发展成为民间舞蹈。在《论语》《古今事类全书》和《后汉书礼仪志》等书籍中均有记载。傩舞在婺源段莘乡庆源村、秋口乡长径村和李坑村一带颇为盛行。

傩舞的面具有四五十种,一般为木雕,脸谱生动,忠奸贤愚、喜怒哀乐都是表现的主题。傩舞的传统节目有《开天辟地》《刘海戏金蟾》《双猴捉虱》《后羿射日》《张飞祭枪》《判官醉酒》《猴王降耗子精》等数十个,舞蹈动作粗犷而朴实。

每年的元宵节前后,在玉山、婺源、上饶县等一带的农村都有舞板龙灯的习俗。即用竹骨彩纸扎成龙头龙尾,龙身由各户自扎,每户各置一长条形板凳,上扎2~5个花灯为龙身。各节花灯内点蜡烛,每节板上两盏花灯,长达2米,由一人手持。一条龙灯由上百节板灯连接组成。元宵之夜,穿行于村镇小道,灯光映天,如巨龙游走。引来万人空巷,场面非常壮观。

每年的端午前后,上饶市的信州区和滨湖地区的波阳、余干等县都会举办各种规模的龙舟赛。在信江流域,在鄱阳湖上,彩旗招展，鼓声阵阵，各式龙船争先恐后，吸引了两岸大批民众加油喝彩，一时道路为之堵塞。

5. 美食餐饮

上饶地区的饮食有代表性的是以江西地方风味，京津和江浙为主的上饶市饮食业和以安徽风味为主的婺源饮食业。上饶市饮食业兴起于明代，其时规模甚小，多以经营地方小吃为主，擅长炒煮，偏重辣味。以后京津和江浙风味传入本地，很快流行于市，沿袭至今。婺源县饮食承袭发徽菜的传统，以粉蒸，清炖为主不仅色香味均佳，而且富有营养。

上饶市的主要特色菜有：三丝鱼卷、斩虾丸、清炒龙凤、蒸荷包红鲤鱼、鳙鱼头烧豆腐、清蒸甲鱼、咖喱猪排、鸡丝马铃蛋、鸡丝锅巴、雪中得宝、拔丝苹果、弋阳国道鱼、广丰酱香鹅、波阳黎蒿炒腊肉、波阳全鱼等等。

三丝鱼卷造型美观，鱼肉洁白；斩虾丸颜色外黄内嫩，香味扑鼻；清炒龙凤佳称，香味浓厚；清蒸荷包红鲤鱼、颜色鲜美，形状美观，肉质鲜嫩；鳙鱼头烧豆腐嫩滑鲜美，盈香满席，后味无穷；清蒸甲鱼形状完整，营养丰富，香味浓厚；咖喱猪排色泽金黄，香脆可口；鸡丝马铃蛋色泽雪白，美味可口；鸡丝锅巴鸡丝嫩滑，造型美观，鲜美可口；雪中得宝色泽清雅，造型美观，鲜美可口；拔丝苹果焦脆，香甜，可口；弋阳国道鱼、博采众长，色香味俱佳，肉质鲜嫩，香浓味美，备受游客青睐。

婺源的主要特色菜有：糊豆腐、粉蒸菜、粉蒸肉、粉蒸鱼、清炖荷包鲤鱼、清炖甲鱼。特色早点有：烫米粉、猪肝粉、排骨粉、羊肉粉、肥肠粉、糯米子糕、清明果、油条包麻糍果、肉烧饼、烫米粉、葛源豆腐、清炒白玉豆、万年贡米年糕、万年贡米粉、羊肉炒粉等等。

6. 旅游景点

（1）上饶集中营旧址

上饶集中营在上饶市南郊茅家岭。1941 年 3 月，国民党反动派将皖南事变突围未成的新四军干部 600 余人，以及在东南五省被捕的共产党员、抗日青年和爱国人士八十余人囚禁在茅家岭的七峰岩（高干禁闭室）、周田（苦工营）、李村（高等软化所）等处，建立了规模庞大的上饶集中营。

新四军军长叶挺就关在七峰岩的禁闭室。上饶集中营四周构筑了围墙、铁丝网、岗哨林立、警戒森严，并在周围 30 里以内设置了内层警戒圈。被关押的革命者对敌进行了坚决斗争，并于 1942 年 5 月 25 日举行了著名的茅家岭暴动。1942 年 6 月，日军占领上饶时，集中营迁往福建，途经福建崇安赤石镇时，被押的革命志士举行了暴动，史称"赤石暴动"。

1955 年，人民政府在茅家岭修建了烈士陵园和烈士纪念碑，碑上刻有周恩来题书"革命烈士永垂不朽"九个大字，1980 年重新修葺，并建立革命烈士纪念馆。

（2）鹅湖书院

鹅湖书院位于江西铅山县鹅湖山麓，山为武夷支脉，因山上有鹅湖得名。南宋（公元 1127～1279 年）时期，儒家学者风行讲学，书院发达。淳熙二年（公元 1175 年）朱熹、吕祖谦、陆九龄、陆九渊等会讲鹅湖寺，各持己见，"相与讲其所闻之学"，这就是哲学史上著名的"鹅湖之会"。

淳佑十年（公元 1250 年），改名为"文宗书院"。元代皇庆二年（公元 1313 年），又增建"会元堂"。明代景泰（公元 1450～1456 年）年间，又重修扩建，并正式定名"鹅湖书院"。自南宋至清代，800 多年来，几遭兵毁，又几次重建。其中尤以清代康熙五十六年（公元 1717 年）整修和扩建工程规模最大，康熙皇帝还为御书楼题字作对，门额题为"穷理居敬"，联语为"章岩月朗中天镜，石井波分太极泉"。至今牌坊、泮池、后殿、厢房等建筑保留尚完好；泮池两侧的厢房内，尚存明、清两代古碑13块，是研究这座书院历史的珍贵资料

书院占地800平方米。书院前面有石山作屏，山巅巨石覆盖，石尖耸立，千姿万态，突兀峥嵘。左右两侧山势合抱，重峰叠峦，苍翠欲滴。其左侧山顶，还有飞瀑倾泻而下。书院所在的山谷小平川，更是古木参天，曲径流泉，幽静无比。

（3）三清山

三清山位于玉山、德兴两县交界处。主峰玉京峰海拔1819.9米，因山有三峰，名为玉京、玉华、玉虚，如三清（即玉清、上清、太清）列坐其巅，故名。三清山南北狭长，约56平方公里，由于长期地貌变化，形成了三清山别具一格的奇峰怪石、急流飞瀑、峡谷幽云等雄伟景观。

三清山地处亚热带气候区，年平均气温17.2℃。极端高温37.3℃，极端低温 –6.8℃。年平均降雨量2241.3毫米，多集中在4～6月三个月。无霜期288天。

三清山神奇壮丽的景观是与适宜的地质、气候分不开的，是地壳运动对地质作用长期变迁的产物。三清山在地质史上经历了14亿年的沧桑巨变，曾有三次大海侵和多次地质构造运动。由于处在造山运动频繁而剧烈的地带，因此三清山断层密布，节理发育，山体不断抬升，又经长期风化侵蚀和重力的崩解作用，形成奇峰矗天，幽谷千仞的山岳绝景奇观。

三清山为历代道家修炼场所，自晋朝葛云、葛洪来山以后，便渐为信奉道学的名家所向往。最先在三清山修建道观的为唐朝信州太守王鉴的后裔。唐僖宗时（873～888年）王鉴奉旨抚民，到达三清山北麓，见到此山风光秀丽，景色清幽，卸任后即携家归隐在此。

到宋朝时，其后裔王霖捐资兴建道观，成为道家洞天福地。延

至明景泰年间（1450～1456年），王霖后裔王祐又在三清山大兴土木，重建三清宫。从登山处步云桥直至天门三清福地，共兴建宫观、亭阁、石刻、石雕、山门、桥梁等200余处，使道教建筑遍布全山，其规模与气势，可与青城山、武当山、龙虎山媲美。因此，三清山有"露天道教博物馆"之称。

三清山四季景色绮丽秀美，融融春日，杜鹃怒放，百花争艳；春夏之交，流泉飞瀑，云雾缭绕；三伏盛夏，龙荫蔽日，凉爽宜人；仲秋前后，千峰竞秀，层林飞染；三九严寒，冰花玉枝，银装素裹，宛如琉璃仙境。

三清山风景名胜区旅游资源丰富，规模宏大，种类齐全，景点众多，景区面积达220多平方公里，中心景区71平方公里，共分三清宫、梯云岭、三洞门、玉灵观、西华台、石鼓岭和玉京峰七个景区。三清山东险西奇、北秀南绝，兼具"泰山之雄伟、华山之峻峭、衡山之烟云、匡庐之飞瀑"的特点，奇峰异石、云雾佛光、苍松古树、峡谷溶洞、溪泉飞瀑、古代建筑、石雕石刻各具特色，惟妙惟肖，形态逼真。

三清山地山高林密，沟谷纵横，气候适宜，为野生动物提供了栖息繁衍极为有利的自然环境。根据记载，三清山共有各种飞禽走兽300余种，其中不少为珍稀的动物。如金钱豹、短尾猴、黑鹿、狗熊、穿山甲、相思鸟、五音鸟、百舌、画眉鸟、猫头鹰、山羊、野猪等。由于三清山植物资源丰富，这些动物的食物来源异常充足，动物的栖息环境仍然保持着原始的生态平衡，所以三清山的动物数量、种类一直保持着较高的数字。

三清山地处亚热带湿润季风区，境内原始森林茂密，植被以常绿针阔天然混交林为主，因而有效地保存了大量的草本类药用植物和木本类药用植物。根据这些调查，初步统计三清山有药用植物349种，隶属于124科。从采集到的药用植物看，三清山上既有我国传统的中成药材，比如大血藤、厚扑、钩藤、杜仲、南沙参、前胡、括萎、细辛、麦冬、黄连、黄精、何首乌、石耳、灵芝、忍冬、银杏、辛夷花、橘梗等。也有近来新发掘具有显著疗效的药用植物，如绞股蓝、草珊瑚、香茶菜、三叶青、三尖杉、牡蛎等。

三清山的古树名花是三清山景区自然景观四绝之一，植物资源异常丰富，可谓天然植物园，而且这些树的树龄动辄数百年，树龄上千年的同样比比皆是。根据调查鉴定，三清山的珍稀树种有三清松、白豆杉、香果树、华东黄杉、华东铁杉、福建柏、木莲、高山黄杨等。这些多为国家保护树种，不仅有很高的经济价值，而且有很高的观赏价值。三清山花开四季，其主要品种有杜鹃花、天女花、木海棠、瑞香、红茶华、玉兰、樱花、梅花、含笑、凤仙、萱草、二月兰、蕙兰、吊兰、独蒜兰、水晶兰、黄精、百合花、山桃花、六月雪、扁枝越橘及野牡丹等，种类繁多，色彩各异。其中最珍贵的是天女花，数量最多的是杜鹃花，还有高山玉兰，亭亭玉立，淡雅高洁，惹人喜爱。

（4）赣源风光

婺源是一个山明水秀的地方。它位于江西省东北部，与安徽、浙江两省交界，刚巧处于黄山、庐山、三清山和景德镇旅游金三角区域。

婺源县建于唐朝开元 28 年（公元 740 年），境内林葱郁、峰峦起伏、水流潺潺，奇峰、怪石、驿道、古树、茶亭、廊桥及多个生态保护小区构成了婺源美丽的自然景观。灵岩国家森林公园内有三十多个溶洞，这一带自唐宋以来就是游览名胜，各个溶洞内留有古代名人的刻墨两千多处，公园内的鸳鸯湖栖有上千对鸳鸯。

婺源不仅自然风光秀美，还有着深厚的文化底蕴，自古有"书乡"的美称，从宋代以来，婺源出了文学家朱弁、理学家朱熹、篆刻家何震、铁路工程专家詹天佑等文化名人。婺源是我国古建筑保存得最完整的地方之一，青林古木之间处处掩映着飞檐翘角的民居，其中汪口俞氏宗祠气势雄伟、工艺精巧，被专家誉为"艺术宝库"；紫阳古街上保留着朱熹祖居；建于隋代的詹氏一世祖墓每年都吸引着上百万的台湾詹氏后裔前来观光、祭祖。

灵岩古洞群、古树名木、明清建筑及古文化，是婺源风景的四大特色，要想仔细品味这些景观，最好是徒步在婺源旅行。在青山绿水中，不经意路过的一棵古树、一株老藤、一段断壁、一眼深井可能都蕴含着一个美丽的传说。对于游历过名城的海滨和名山大川的游客来说，来婺源旅游会感受到另一种宁静清悠的享受。

（a）文公山

文公山位于婺源县西部，距县城仅 27 公里，文公山原名"九老芙蓉山"。一代理学大师朱熹于南宋绍兴二十年（公元 1150 年），回乡省亲时亲手在其祖墓周围按八卦布局栽植了 24 棵杉树。历经八百多年的风雨，现存 16 棵，其中最高的 38.7 米，最粗者胸围 3.43 米，有"江南古杉王群"之誉。嘉定二年（1209 年）宋宁宗谥朱熹为"文公"，后人故将山名改为文公山。文公山也因此闻名遐迩。

文公山主峰海拔 315 米，森林覆盖率达 99%，大气环境质量远远优于国家一级标准。山上松、杉、栗、栲、楠、枫等名贵树种繁多，十万亩天然阔叶林遮天蔽日浩瀚无垠，森林里的树木，所释放出来的"芬多精"，人体吸入后可降低血压，杀灭结核、霍乱、赤痢、伤寒、白喉等等病原体。文公山是享受"森林浴"的绝佳胜地。

文公山上的千年古驿道绵延不断、曲径通幽，是一条文化积淀丰富的修身养性之路。文公湖群山环抱、碧水连天、湖光涟漪；文公湖畔建有别致的休闲木屋、绿色餐馆、音乐茶座，还备有竹筏、游船供客人悠游垂钓；烧烤场地可供游客自由烹饪，尽享野炊之乐。还有林中时而闪现其间的山鸡、凤蝶、白鹇、野羚等，犹入生物大观园。

碧水、青山、凉亭、碑廊、楼阁、古树、古驿道、古文化的和谐组合，构筑了文公山绝美景色和养生奇境。让我们安排一次与森林的邂逅，做一个脱离俗世的隐遁者，领受森林的美丽与魅力。

（b）赣源明清建筑

婺源县原属徽州府，是徽商的发源地之一，商人们在外地挣钱，

在家乡投资，故而当日的婺源，读书的人多，做官的人也多。也使得今日的婺源，明清建筑遍布全县。官宦府第、家族祠堂、商人住宅、乡民故居，应有尽有。这些建筑，有前堂后堂先后序列者，有数十户栋连片者，街巷由一式青石板铺成古建筑以沱川、浙源、江湾、流头、思口、龙山、许村和清华等乡镇的某些村庄更为集中，此外尚有廊桥、路亭、门楼、店面、戏台等。

县城东北45公里的沱川乡埋坑村是明清建筑保护比较完整的村庄之一。村中"天宫上卿府第"，系明末吏部尚书余懋衡接待娇客处。大门朝北，门坊浅刻楷书"天宫上卿"。前中后三堂，正堂三间两厢，既气派又古朴。"司马第"为清初兵部主事余维枢所居，坐西朝东，三楼、水磨青砖门面，旁有砖柱，单檐、鸱尾，檐下灵芝砖拱四个，花坊刻"司马第"。三间两进，前进正厅三间两厢，半浅天井，上堂横梁三眼，雕梁以花卉及戏剧人物为主。前进后堂亦三间两厢。后进三间二厢，也是雕梁画花。村中官厅，名"驾睦堂"，为明末曾为广州知府的余自怡奉旨修建，后改称"友松祠"，分正厅、余屋两部分。青砖五凤门楼，三重，中雕"双龙戏珠"。正厅五间，三面回廊，轩廊木质卷棚，深天井。又有"九世同居楼"，梁枋门窗之上精刻戏剧人物造型、龙凤松鹤、花卉鱼鸟等，技艺高超。

（c）婺源博物馆

婺源博物馆被誉为中国县级博物馆中的"第一馆"，坐落于紫阳镇儒学山上，是一栋中国殿宇式的建筑，面积有一千多平方米。馆内分为"精品陈列室"、"婺源古建筑展览"、"砚史陈列"等部分，藏有陶瓷器、玉石器、金银器、工艺品等各级文物达万余件。

这是一栋具有民族特色的殿宇式建筑，展厅面积千余平方米。博物馆藏有陶瓷器、铜铁器、玉器、漆器、金银器、骨竹木雕刻、徽墨、古砚、印章、字画、刺绣等名类文物珍宝上万件，尤以两宋名瓷明清字画和唐宋古砚见优。这里还可以欣赏到商代陶器、西周铜鼎、汉代陶杯陶权、唐代铜镜、宋代名瓷名砚、盘龙玉带、羊脂玉冠以及明清字画等珍贵古董。国家文物鉴定委员会的专家专程至婺源对博物馆馆藏文物进行鉴赏、评定，高度评价为"全国县级第一馆"。

婺源民间，素有崇美尚文的生活情趣，以此为源的婺源民俗文化，也就成了诸多地域文化中一朵亮丽的奇葩。

（d）上下晓起

上下晓起可以说是婺源风景最美的两个村庄之一。上晓起有的是山坡田园风景，从上晓起往上行到达江领，可以看到中山田园风光。这一带是婺源风景最美的地方。下晓起村是水绕村庄的风景，从汪口镇乘前往段莘方向的汽车拐入一条土路后，经过茅坦村后就到达了老树环抱的下晓起村，两条溪流在此汇合，景色很宁静。

晓起是清代两淮盐务使江人镜故里，位于县城东北45公里的段莘水和晓起水交合处。村屋多为清代建筑，风格各具特色，村中小巷均铺青石，曲曲折折，回环如棋局。主要景观有双亭耸峙、枫樟流荫、进士第、大夫第、荣禄第、江氏祠堂、砖雕门罩、养生河与古濯台等。

"古树高低屋，斜阳远近山，林梢烟似带，村外水如环。"这首古诗极为形象生动地描绘了晓起村落的美丽水光山色，竟有"绝妙何图诚若是"之感。

群山环绕、一水横亘的上晓起，村屋居多系明清建筑，风格各具特色。其中"进士第"、"大夫第"、"荣禄第"等官宅气派堂皇，前后天井，厅堂宽敞深进，大门口三级高阶和门楼精美的砖雕图案，炫耀着主人高贵的身份。而村头青石护栏的古道、古亭以及梁柱间族人"高中（进士）捷报"依稀可辨的"江氏宗祠"，也很容易让人想象古村当年的显赫与繁华。

两溪汇合处的下晓起，村边水口十几棵数百年老树和村小学后成片的古樟树林，即使在古树遍布的婺源也不多见。村中也颇多明清古建，风格各具特色，村内小巷均铺青石，曲曲折折，回环如棋局。一些村屋门前设有瓜棚豆架，一派田园景象。此外还有双井印

月、濯台焕影等景。

晓起村有古驿道通往山里。有些靠河地段的驿道甚至还有青石板护杆，炎暑时节，浓荫蔽天，十分凉爽，有如世外桃源。连接上下晓起的青石古道蜿蜒曲折，石板上一条古代徽商留下的深深车辙至今未能磨灭。

（e）婺源江湾

江湾，一座具有丰厚的徽州文化底蕴的古村落。江湾位于江西婺源县城东20公里，地处三山环抱的河谷地带，东有灵山，南有攸山，北有后龙山，一条梨园河由东而西，呈S形从三山谷地中穿行，山水交融，给江湾平添了许多灵气。

江湾的江姓是西汉开国宰相萧何的后裔，唐末僖宗宰相萧遘因"朱温篡唐"蒙难，其子萧祯隐居安徽歙县篁墩"指江为姓"，后其第八世孙江敌于北宋元丰年间始迁江湾。

江湾的建筑布局卓具特色，一街六巷，纵横交错，新旧有序，千年延展，不乱方阵。且每条巷道各有个性，不见雷同，古朴优雅，自成一景。从后龙山俯瞰，正中部位的巷道，竟构成一个硕大的"安"字。江湾的老街还保持着明清时期的风韵，街面还是那么窄，几幢老店铺，如培心堂、饮苏堂、日生堂，店门还是那一块块拼起的木板排门，店堂里还是那老柜台、老货架，外墙还是那古老的封火墙，徜徉其中，我们仿佛穿行于时间隧道，仍可感受到一些古江湾明清时期的商业气息。

江湾有很多保存完好的古建筑，清同治年间户部主事江桂高的敦崇堂，清末民初教育家、佛学家江谦的三省堂，古私塾德庆堂，富商江仁庆古宅，"一府六院"遗址，还有许多古井、古亭、古桥，处处透析着古徽州文化的神韵。特别是那栋清代徽商建筑培心堂，具有徽州民居典型的三开多进制特征：前进店面，中间住宅，后进厨房。培心堂门楣上书"乐山安宅"，取孔子"仁者乐山，智者乐水"之意，表现了徽商"仁心为质"的经商道德理念。穿过门厅，是一个正方形的小院，小院南墙下是一道端庄秀雅的砖雕石库门楼，桃、荷、菊、梅，渔、樵、耕、读、雀、鹿、蝠、寿等砖雕图案，栩栩如生，中间的"拱宸萃庆"四字寓意深邃。正厅宽阔高大，横排三间，中为正厅，侧为卧室。正厅前有天井，东墙开有花窗，上方悬挂"培心堂"匾，两旁木柱挂着楹联："千古文章传性道，一堂友孝乐天伦"，"泉水温随时令转，庭花笑引客人来"。置身其中，令人倍感幽静、典雅。

江湾人引以为骄傲的是后龙山，他们把本族的人丁兴旺、英贤辈出归功于后龙山的龙脉好，这种风水观念自然不足为信。但江湾人在此观念的作用下，创造了一个封山育林、保护生态的典范。自古以来，江湾人不准任何人动后龙山上一草一木，古有"杀子封山"，今有"杀猪封山"。"杀子封山"，说的是十八世祖江绍武治理江湾铁面无私，他儿子违规到后龙山砍柴，被护林人捉住，为杀一儆百，他将儿子绑起游街示众，并将其处死。从此以后数百年间再没有人敢上后龙山砍柴。后龙山的植被由此保护得十分完好。如今走进后龙山，就如同走进了原始森林，满山古木，遮天蔽日，给依山而建的江湾古村增添了不少神韵。

（5）弋阳龟峰景区

龟峰系国家级风景名胜区，它位于江西省弋阳县城区西南部，总面积136平方公里。龟峰奇峰怪石，这里的山峰石头像各种姿态的乌龟，所以称之为"龟峰"。

龟峰由两大景区构成。一景区龟峰景区，为自然地貌景观游览区，以千姿百态的龟形丹山称奇，主要景点有双龟迎宾、老人峰、三叠龟峰、老鹰戏小鸡、童子拜观音、四声谷、将军楼、天女散花、百年道、十八罗汉、南天一柱等，最高峰骆驼峰，海拔418.6米，为景区最高峰。奇峰怪石，象形独具，惟妙惟肖，有"中华丹霞精品、东方神龟乐园"之美誉。

龟峰风景名胜区有三奇：一景区为独步天下的龟形丹山之奇，

有"中华丹霞精品,东方神龟乐园"之美誉,奇峰处处,美不胜收;二景区为天造地设的洞穴佛龛之奇,碧水丹册,奇洞成群,"中华第一佛洞"南岩、禅宗古寺双岩、"飞来禹迹"龙门岩,像三颗明珠镶嵌在清丽、柔媚的龙门湖畔,古代洞穴文明遗迹随处可见;三景区为千古流传的志士仁人之奇,叠山书院折射出铁脊忠魂谢叠山的爱国丹心,方志敏纪念馆展示红土地的无上光荣与骄傲,千古名曲弋阳腔唱不尽弋阳奇人的千古风流。

龟峰空气清新,树木葱郁,四周因山峰围绕,形成盆地气候,冬暖夏凉,加上山势不高,游路平整,以前一直为疗养院,适合老人、小孩游览,是休闲度假、会议、疗养的最佳地。

(6)方志敏纪念馆

方志敏纪念馆位于江西省弋阳县城北面峨眉嘴山顶。是全国爱国主义教育基地,江西省级重点烈士纪念馆建筑保护单位。占地面积1.1万平方米,建筑面积1300平方米。1977年9月由江西省人民政府批准建设,1978年9月落成,2003年10月闭馆进行改建,2004年元月重新开放。

纪念馆院内立有方志敏烈士全身雕像,高7米,两边是排列整齐的女贞树相围。基座刻有毛泽东亲笔题写的"方志敏烈士"五个大字。雕像座背面刻有叶剑英元帅的亲笔题诗:"血战东南半壁红,忍将奇迹作奇功;文山去后南朝月,又照秦淮一叶枫。"

馆内陈设布局合理,内容丰富,有四个陈列室和一个展厅,分别陈列介绍方志敏烈士参加江西地方党团组织创建、领导江西农民运动闹革命、创建闽浙赣根据地和红十军团、狱中斗争的事迹。

第一陈列室介绍了青少年时代的方志敏作为江西地方党团组织的创建者、江西农民运动的卓越领导人两条半枪闹革命的感人事迹;第二陈列室介绍了方志敏所创建的根据地和红十军团的建设及战斗经历;第三陈列室正中有一座高3米的"方志敏挥毫"石膏塑像,主要陈列介绍了方志敏在狱中的斗争和以顽强的毅力写下的《可爱的中国》《清贫》等千古名篇，以及他的战友黄道、唐在刚、余汉朝、邹琦等著名英烈的生平事迹；第四陈列室介绍了建国后病故的红军老干部邵式平、汪金祥、吴克华、谢锐等同志的生平事迹。

纪念馆后为烈士陵园，林木葱郁，碧水回环，庄严肃穆。

（7）叠山书院

叠山书院位于江西弋阳县城东、濒临信江，占地近 7000 平方米，原是南宋学者谢枋得早年读书学习的地方。

谢枋得，字君直，号叠山，南宋为元所亡时，全家殉难。元仁宗延佑五年（1318 年），当地民众不顾官府的阻挠，建成这座书院，以纪念谢枋得的民族精神和气节。后毁于火，明嘉宗天启年间重建。

书院建筑古朴宏伟，礼堂大门上金匾"叠山书院"四字，为民族英雄林则徐手笔。礼堂中木质楼台、巨大石柱均保持旧貌。礼堂后文昌阁，是当年书院祭圣的地方。青石墙壁上留下的"八仙过海"、"嫦娥奔月"浮雕，为明代原物。叠山书院自元、明、清以来，一直是赣东信江流域文化、教育中心之一，培育了大批民族英才。

1916 到 1919 年期间，方志敏、邵式平等革命先辈曾在此处求学，现为弋阳二中校址，其校名为原江西省省长邵式平所题。

（8）万年神农源景区

万年神农源风景区位于江西万年、弋阳、乐平三县（市）交界处的黄天峰下，紧邻弋（阳）万（年）公路，距万年县城 20 公里，弋阳县城 50 公里，南昌市 130 公里，上饶市 110 公里。整个风景区群山环绕，景色秀丽，空气清新，气候宜人。

万年神农源风景区由世界稻作文化发源地（涵盖国家级重点保护文物仙人洞、吊桶环遗址、仙人洞吊桶环遗址陈列馆等）；中国最美的地下河——神农河；中国首家原生态洞穴探险三部分组成。

农源景区荟萃了大自然的形态美、动态美、色彩美、声音美和朦胧美，具有新、奇、灵、秀、幽、险等特点。整个景区现已申报国家 AAAA 级景区和国家地质公园。

万年仙人洞是我国较早发现的一处新石器时代遗址，早在60年代初就进行过两次科学发掘，发现了不少人类活动遗和丰富的文化遗物，曾引起中外学者的极大关注和重视。但是，由于对该遗存的绝对年代和原始经济形态诸问题的认识存在较大分歧，故该遗存价值淹没近30年。

为了探索人工驯化稻的起源，1993年和1995年，中美农业考古队两次对该洞穴和距仙人洞约800米的吊桶环洞进行了考古取样和发掘，取得了重大的收获。

万年大源盆地仙人洞、吊桶环的先民凭着自己的聪明才智，一万年前就开始种植水稻、制造陶器了，他们无愧是世界文明的始祖。

5000年前华夏始祖炎帝神农氏，耳闻几千年前稻作文明从万年大源盆地起源，就带了得力助手耒神、垂神千里迢迢来寻根问祖。他从神农河抵达大源仙人洞后，搭建神农坛祭祖，既是对先民创造人类文明，实现由食物采集向食物生产根本转变的颂扬；又是对人类由依赖自然向改造自然跨越的一种期盼！

神农河景区由喀斯特地貌的溶洞和地下河组成。溶洞是亚洲较为年轻的岩洞，钟乳石质地纯净，色泽如玉，形态各异，蔚为壮观被中国地质科学院列为中国洞穴景观评价一等奖；而神农河全长460米曲折清幽、色彩斑斓，被誉为"中国最美的地下河"。

岩洞年轻、水质纯净、水源丰富，是造就"中国最美地下河"的"温床"。在这里不仅各类钟乳石造型各异，品种应有尽有；更难能可贵的是：地下河道随岩洞走势而延伸，周而复始、锲而不舍，形成一种人在岸边走似在水中游浪漫情景；各种灯饰合理科学的组合，更让一种神秘之光沿神农河弥漫，让你恍如步入"天上街市"；尤其是你坐上小船，泛舟神农河，沿途浏览"仙女沐浴""神农扬帆""罗汉迎神"等景点时，你就更觉得是在荡舟"九天银河"了！

神农河地下岩洞全长7000米，只开发1600米。另有800米原始洞穴之地，留待游客探险。这可是中国首家原生态的洞穴"探险之旅"，也是目前国内最为精彩的地下溶洞"探险基地"。

（五）抚州市

1. 概述

抚州市位于江西东部，东邻福建省，南接赣州地区，西连吉安、宜春，北毗南昌、上饶。辖 1 区 10 县：临川区，东乡县、金溪县、资溪县、南城县、南丰县、黎川县、广昌县、崇仁县、乐安县、宜黄县。面积 18811 平方米，人口 378.8 万。

抚州市属中亚热带季风型气候，温暖湿润，雨量充沛，日照充足，结冰期短，无霜期长，四期分明，全市年平均气温 17 度。抚州市河流属长江流域鄱阳湖水系，主要特点是水系完整、河道密布，溪流不断，水面广阔，水流量大，含沙量少，水能资源丰富，抚河是江西省第二大河流。

抚州交通便利，区位优势明显，东邻福建，南接赣州市达广东，西近京九铁路，北临鄱阳湖，离省会南昌仅 90 公里，区位条件优越。靠近闽南"金三角"经济区，南邻石城、宁都，西连永丰、新干和丰城，北接进贤、余江和余干。鹰厦、浙赣、向乐铁路，320、316、206 三条国道、昌厦一级公路、京福、沪瑞高速公路在抚州交汇通过。向莆铁路、抚吉、济广高速公路正在规划建设中。随着国家实施西部大开发，抚州承东启西的区位优势更加明显。

抚州森林覆盖率 61%，是江西的主要木竹产区。抚州矿产资源丰富，已探明的金属和非金属矿有 40 多种，铀矿储量为亚洲第一。抚州素有"赣抚粮仓"之称，是国家区域性商品粮基地。

抚州具有 2200 多年的悠久历史，自古文风鼎盛，名贤辈出，是举世闻名的"才子之乡"。早在唐朝，著名诗人王勃在他所写的传世名作《滕王阁序》中，就发出"光照临川之笔"的由衷赞叹。唐宋

八大家，抚州据其二：王安石、曾巩，另有词坛父子晏殊、晏几道，被誉为"东方莎士比亚"的伟大戏剧家汤显祖，南宋心学大师陆象山以及现代被誉为中国物理学界"四大名旦"之一的饶毓泰，无产阶级革命家李井泉，书法家舒同等一大批先贤名流，灿若繁星，彪炳史册，使临川人杰光耀中华，泽惠后人。

抚州历史悠久，文化源远流长，人文底蕴深厚，自然风光宜人，名胜古迹众多，革命胜迹遍布，艺术遗产独特，地方物产丰富，形成独特的旅游资源。

抚州自古名人辈出，形成独特的人文景观。市内有王安石纪念馆、汤显祖文化艺术中心、汤显祖纪念馆、汤显祖墓、曾巩读书岩、曾巩纪念馆、谭纶墓、陆象山墓、乐史墓、吴澄墓，舒同书画博物馆，还有数条以抚州名人命名的街道。历代到抚州为官或周游的文人墨客如颜真卿、王羲之、白居易、陆游、谢灵运等，为市内留下了大量诗词、文赋、字画、雕塑、摩崖石刻及许多美好的历史传说。第二次国内革命战争时期，抚州有六个县为全红区，许多老一辈革命家都在抚州活动过，至今遗存的革命遗址有：第四次反"围剿"东、黄陂战役旧址、第五次反"围剿"高虎脑战场旧址、康都会议及红一方面军总部旧址、闽赣省苏维埃政府旧址、毛泽东、周恩来、朱德、邓小平等旧居。人文景观是具有抚州特色的旅游资源。

抚州市内宗教有佛教、道教、天主教、基督教等门派，宗教活动场所遍布全市各地。佛教主要有临川的金山寺、正觉寺、崇寿寺，金溪的疏山寺，宜黄的曹山寺、石巩寺，广昌的龙凤岩寺，南丰的地藏寺、寿昌寺，南城的宝方寺、碧涛庵，黎川的妙法寺、寿昌寺，资溪的大觉岩寺等；天主教有临川的圣若瑟大教堂、南城的天主堂；道教有南城的麻姑山仙都观，乐安的大华山、黎川的会仙峰、仙桂峰，金溪、临川交界处的灵谷峰等。其中临川圣若瑟大教堂规模名列全国第三，为全国重点教堂之一。宜黄曹山寺为我国佛教曹洞宗祖庭之一，在海内外佛教界享有盛名，日本至今有信徒上千万人，目前曹山寺正加紧修复工作。疏山寺为千年古刹，至今保存完好。金山寺香火较旺，游客众多。

抚州市内文物古迹星罗棋布，全市属省、县级重点文物保护单位达200余处。古建筑群有乐安流坑村，黎川、南城的船形屋，广昌驿前古建筑群，宜黄棠阴古建筑群，金溪浒湾书铺街等，其中乐安流坑村被誉为"千古一村"，参观考察人员络绎不绝；古桥有临川的文昌桥，南城的万年桥、太平桥，宜黄的占公桥、永兴桥、附东桥，崇仁的黄洲桥，其中文昌桥建于南宋嘉泰年中（公元1202～1203年），万年桥建于明崇祯七年（1634年），是我国古代建筑艺术的珍贵遗产。古塔临川有万魁塔，宜黄有三元塔、迎恩塔，南城有聚星塔，南丰有宝岩塔，崇仁有相山石塔、汤溪石塔、资溪有高云塔、实心石塔，东乡有永镇塔。此外，还有磨盘山新石器时代遗址、商代文化遗址、白浒古瓷窑遗址、白舍古瓷窑遗址、岳口益王墓葬区、洪门益王墓葬区、祝徽旧居、抚州会馆等。

抚州境内旖旎的自然风光也因此备受瞩目。市内有省级风景名胜区南城麻姑山，麻姑山自古属天下名山，素负洞天福地盛名；有比泰山还高200多米的南丰军峰山，山上古木参天，怪石奇峰，龙潭飞瀑，并有九公里的原始石阶曲折上山；有号称"百岛洞"特大型水库——洪门水库，百里库区碧波荡漾，山重水复；有湖光山色、风景优美的南丰潭湖水库；有风景壮观的抚河源头风光；有省级自然保护区3处，其中资溪马头山，自然保护区内有原始森林和珍稀动物，宜黄华南虎自然保护区内已多批外籍专家来此考察。还有临川温泉、资溪法水温泉。近几年，广昌和南丰还推出莲乡、橘乡观光项目。这些自然景观正在吸引越来越多的游客。抚州旅游已形成了一个能够满足旅游者吃、住、行、游、购、娱需要的旅游接待服务体系。

2. 历史沿革

抚州市历史悠久。夏禹时地处扬州域。春秋时为百越之地。战国时属楚。秦时属扬州九江郡。汉改九江郡为豫章郡。汉高祖五年（公元前 202 年），建南城县，属豫章郡。东汉永元八年（公元 96 年），分南城一部置临汝县，县治设在今抚州市，仍属豫章郡。三国时为吴地，吴太平二年（公元 257 年）建临川郡，郡治设在临汝县。两晋、南朝相沿。隋开皇九年（公元 589 年）废郡扩州，以临川郡并巴山郡之一部署抚州，隶属洪州总管府，抚州从此定名。

唐朝抚州属江南西道。五代时，属杨吴，升为昭武军。宋朝，分为抚州和建昌军，属江南西路。元朝改为抚州路、建昌路，另置南丰州，同属江西行中书省。元至正二十三年（公元 1363 年），改抚州路为临川府，不久易名抚州府。清时仍称抚州府、建昌府，属南抚建道。民国 2 年（公元 1913 年），全国实行县制，次年，全省划四道分领八十一个县，原抚州府、建昌府境内各县隶属豫章道。

1949 年 5 月 9 日，中国人民解放军解放抚州，7 月 1 日组建抚州分区，江西省抚州分区行政督察专员公署驻临川市（今抚州市城区）。1950 年 9 月 13 日，改抚州分区为抚州区。1952 年 8 月，更名为抚州专区。1967 年 3 月，改名为抚州地区。1968 年 2 月，复称抚州专区。1971 年 1 月 22 日，再度改为抚州地区。2000 年 6 月 23 日，国务院批复同意撤销抚州地区，设立地级抚州市。2000 年 10 月 20 日，抚州市人民政府正式挂牌。

3. 特色特产

越来越多的抚州人开始把电影院、KTV、酒吧、迪厅、健身、茶馆、洗浴中心、咖啡厅作为主要的娱乐场所，但是古老传统的休闲娱乐方式仍然没有被人们遗弃，抚州傩戏、抚州采茶戏、跳花灯等传统艺术表演方式依然收到广大人民群众的喜爱。

抚州采茶戏：抚州采茶戏旧名"三脚班"、"半班"。清初，抚州诸县连年灾荒，民多流徙，一部分难民以卖艺为生，将当地流行的民歌小调与灯彩的表演形式相结合，开始脱离灯彩表演，形成独立的"三脚班",产生了一批单台戏和单台调。其发祥地就是宜黄、临川、崇仁、乐安四县的交界地区。该地区早就流行的宜黄戏,为抚州"三脚班"的产生和发展提供了学习和借鉴条件。

抚州采茶戏因脱胎于灯彩歌舞,故以反映短衣罗裙的小人物见长。其艺术特点是:有浓郁的地方色彩;语言生动诙谐、通俗易懂;唱做朴实,亦歌亦舞,活泼风趣。其表演源于生活而高于生活,尤其小生小丑的扇子功、小丑的矮子步、小旦的手巾功,都从生活中提炼出来,既有淳朴的民间艺术韵味,又有个性鲜明的表演特色。

抚州采茶戏,土生土长,健康质朴,乡情浓郁;唱词和念白,大量运用民间俗语和歇后语,通俗易懂,有浓厚的地方风格和生活气息。抚州采茶戏唱腔,大都来自民歌小调,具有鲜明的地方色彩。总体唱腔可分为戏曲正调、戏曲杂调和民歌小调。其传统的唱腔是专曲专用的曲牌体腔调,后经发展创新,已出现大量板腔体唱腔。它的词格一般为上下对偶的五字句、七字句或者十字句乐段。旋律特征为字多腔少,简洁明快,每一唱段的行腔与地方语言的音调结合甚密,似吟似诉,颇具说唱音乐之风格。抚州采茶戏唱腔以纯正的抚州话为语言标准。演唱时分男女分腔都用本嗓,特别要求吐字的清晰与运腔的圆润。

傩舞:列为国家非物质文化遗产推荐项目的乐安县傩舞,极具浓郁的地方特色。它历史悠久,风格独特,古朴神韵,大致可分为三大流派:古朴粗犷的东湖"滚傩神",也称为"鸡傩神";热闹诙谐的流坑"戏傩",俗称"玩喜";刚劲勇武的罗山傩舞,又叫"戏头舞"。日本民俗研究学者曾多次远涉重洋,专程前来乐安考察傩舞,他们对乐安的傩舞文化流连忘返,赞不绝口。

乐安县增田镇东湖村的"滚傩神",风格古朴独特,距今已有1000多年的历史,是由农民祈求神灵保佑平安的一种祭祀仪式逐步演变为民间娱乐性的文艺活动,18个面具,12人组成,有《鸡嘴》《猪嘴》《板叉》《唱文戏》《提鬼》《牛魔王》《七星》《踩爆竹》8

红色圣地江西

二 主要城市风情

个节目。每年农历正月初二开始，十六回马归位。

罗山傩舞起源于鳌溪镇罗山村，每逢端午节时，当地人民都要纪念屈原，因乐安城镇一带无大河，不能划大船，则以跳傩代替并流传至今。

南丰傩舞风格古老稚拙、粗犷豪放，具有原生形态特质，因在人类学、宗教学、民俗学、艺术学、戏剧学等众多领域有着巨大的学术价值和史料价值，被誉为"中国古代舞蹈活化石"，吸引了众多国内外专家学者潜心研究。南丰傩舞，俗称"跳傩"，是沿袭古代驱鬼逐疫的仪式——"驱傩"演化而来的舞蹈。南丰传傩始于汉初，历经两千多年。明清时期，南丰民间傩舞十分活跃，突破"索室驱疫"的傩仪范畴，将戏剧表演、武术动作融合于傩舞表演之中，并从神话故事、传奇小说、民间传说中汲取内容创作新节目，形成娱人娱神的民间舞蹈。建国初，南丰傩舞在文化部门的重视下，经过挖掘、整理、创建，这一古老艺术再展新姿，创作了《丰收乐》《开天辟地》《界碑》等一批新编傩舞节目。南丰傩舞之所以长盛不衰，就在于它有丰厚的文化内涵。为继承发展南丰傩舞这一历史文化瑰宝，弘扬民族文化，南丰县把培育和壮大傩文化产业作为一项重点文化工程来抓，着力在傩舞表演、傩具雕刻、傩舞研究三方面下工夫。

抚州物产美名远扬，广昌通心白莲使广昌得到"中国白莲之乡"的美称；临川贡酒，自王安石将其进贡给宋神宗时就已证明了其上乘的品质；第二瓷都黎川出产的陶瓷花色、品种多样，广受好评；宜黄红薯粉丝开胃生津，营养丰富；莲乡藕粉速溶即食，方便快捷，老少皆宜。藤龙茶，茶色微黄透亮，味道香醇，初品微苦，后味甘甜，令人神清气爽，回味无穷。南丰蜜橘，又名贡橘，橘皮薄，橘核小，皮色金黄，汁多无渣，橘肉细腻，富含多种维生素和铁、钙等营养成分。黎川茶树菇，食用菌营养丰富，味道鲜美，无公害，是优良的食药兼用绿色食品，国外将其视为蔬菜常年食用，尤其是香菇和茶薪菇，被视为菇中之王，属天然绿色营养佳品，其风味独特，香馥可口，并含有人体必需的多种氨基酸等成分。有滋阴、补肾、润肺、活血、健脑、养颜等功能，经常食用，能强身健体，延年益寿。

4. 民俗节庆

丧葬：抚州临川区域各县城乡居民办理丧事，一般丧礼主要程序有"买水"、"装殓"、"吊奠"、"出殡"和"园坟"等。

买水就是孝子穿着孝服到河边提回一壶河水，替死者洗脸洗身。净身后方可穿衣入棺。装殓就是孝男孝女均应随侍在侧，亲视含殓。富有人家遗体扎丝绸、穿棉衣，并在死者口中含金银，贫穷人家则一切从简。入棺后，不能立即盖棺，待次日方可关殓。三日之内应早晚在灵前哭祭，以表孝心。

三日后是"吊奠"，也称"吊丧"、"吊孝"。吊孝就是举行凭吊仪式，孝子跪于灵侧，在哀乐声中亲友依长幼之序，面对灵牌，顶礼膜拜。吊唁毕，邀请亲友进餐，俗称"吃斋饭"。豪富人家吊奠仪式更为庄重，主祭者要读诔章，请道士设坛做道场，超度亡灵。

一般家庭做完头七（死后七天）斋事，即行出殡安葬。富有者，得做完七七四十九天斋事，再择吉日出殡安葬。出殡安葬时死者亲戚和生前好友均参加。出殡时其仪式规格不一。富有者，灵柩前要鸣锣开道，指引魂幡招引，小吹、香案随后。到葬地即下葬，培土砌拱，竖碑立墓，孝子叩首跪拜与死者告别。

安葬后三日，家人穿孝服携酒食复检坟墓、培土、植草被，叫"园坟"。还有如出殡之后，家中要设香案，供奉灵位，扎"灵屋"，七七四十九天之内供品不断，香火不绝，满七才拆灵堂，将灵牌请入祖宗行列。

其后，守制继续，满一年，要行周年祭。丧父母者，守孝三年，其间逢考不能应试，居官离任回家，谓之"丁忧"，又称"守制"。

二 主要城市风情

守制（守孝）期间，还应披白戴孝，忌穿华丽衣服，不远出，不办婚嫁喜事，守孝第一个春节不拜年，贴素色春联，端午节不包粽子等等。所有这些，既夹有鬼神迷信的消极因素，亦是儒家孝文化在丧葬上的体现。

南丰跳竹马：江西南丰的"跳竹马"是表演花关索（又称关索）与鲍三娘、关公与周仓对阵的一种傩舞。因上述4将腹前安有木质小马头（周仓为小狮头），腰后用竹片弓成半弧，以战袍后襟覆盖，故称"跳竹马"。

每年春节期间活动，到各家驱邪逐疫。先是开山舞旗，次为花关索执长抢与鲍三娘舞双刀比武，再是关公舞刀与周仓执戟比武，演员一脚跋起，一脚着地跳跃，表示马的奔跑。最后花、鲍、关、周4人同时对阵，不分胜负结束。有的竹马班在花、鲍对阵前，加两个先锋步战，或是打旗与承旗对棍，或是五道将军与连山太子对棍。

表演时，许多乡民向竹马撒谷糠，俗称"撒粮"，表示喂饱神马，好驱鬼妖。清代后期，战乱不断，南丰乡民希望"跳竹马"能驱兵祸，便在2名锣手伴奏的助阵锣声下进行舞蹈，以寓意"鸣锣收兵，天下太平"。有的乡民怕"跳竹马"时掉武器，成为刀兵之灾的象征，不"跳竹马"而给香火钱，希望"刀枪入库，马放南山"。南丰竹马舞，寄托着乡民向往和平，祈求安定的美好愿望。

5. 美食餐饮

农家豆豉甲鱼：此菜用上等原料精致而成，首先准备0.5公斤左右的淡水甲鱼，再用菜根香特有原配料进行腌制，然后佐以豆豉辣椒加细火焖烧几分钟即可入桌。香辣味十足，食客吃后满嘴留香，前来用膳的消费者吃后无不叫绝。

麻鸡绿蛋：麻鸡绿蛋口感好，甜、嫩，营养丰富，特别是含有丰富的微量元素，富含人体需要的锌、碘、铁、硒等有机成分。常食用麻鸡绿蛋，能明显改善少儿的偏食、挑食、厌食现象，增强人体的记忆力，调节免疫功能。

"贵仁"牌五香麻鸡："贵仁"牌五香麻鸡是利用崇仁麻鸡为主要原料，配入蜂蜜、砂仁、丁香、玉果等多种名贵佐料，利用传统制作工艺与现代科学技术精制而成，具有浓厚的地方风味，形美色鲜，肉嫩味美，五香透骨，是老幼皆宜的营养熟食品。本品先后荣获江西省科技新成果、新产品交易会金奖，北京国际发明展览会最佳产品奖。

抚州菜根香的老坛子：吸纳了四川泡菜的精华，并加以创新。这道菜料非常讲究，把红白萝卜、菜梗、鸡爪、新鲜辣椒等原料精雕细琢后，分开浸泡3至6小时，上桌前再"混"为一坛，当天泡当天吃的泡菜口感脆爽，清香扑鼻，淡淡的酸咸味，吃后食欲大增。

麻姑米粉：产于道教名山——江西麻姑山下的南城，相传麻姑仙女修炼成仙后，用麻姑米制成晶莹透亮的银丝米粉赠送给王母娘娘的拜寿贺礼，由此麻姑米粉天下闻名，历代皆为贡品。

6. 旅游景点

（1）王安石纪念馆

王安石纪念馆位于抚州市赣东大道南端，是江西省十大历史名人纪念馆之一，省级爱国主义教育基地。1986年为纪念北宋杰出的政治家、文学家、思想家王安石逝世900周年，由抚州市政府拨款兴建。占地面积20亩，建筑面积1560平方米，陈列面积460平方米。

纪念馆收藏有当代著名书画家刘海粟、肖娴、赖少其、方增行、施大畏、陆颜少等一些社会名家赠给纪念馆的书、画作品三十余件。全国政协副主席、著名书法家赵朴初为纪念馆题写馆名。

纪念馆每年都接待了许多中外游客，已成为广大观众游览、启迪心智、文化交流和传播友谊的场所。1994年被省委、省政府命名为"江西省爱国主义教育基地"。

（2）汤显祖纪念馆

汤显祖纪念馆在抚州市南郊却家山，为了纪念我国明代伟大的戏剧家、文学家汤显祖而建立的名人纪念馆。

1995 年 10 月建成并对外开放，是在抚州市汤显祖陈列室基础上组建的文化事业单位，占地面积 180 亩，按一馆三村（四梦村、迎宾村、度假村）布置而成。"四梦村"是以纪念性设施为主的风景游览区，占地面积 80 亩。由主展厅清远楼、半亭、牡丹亭、毛泽东手书、梅花庵观、瑶台、四梦广场等景点组成，配以壁画雕塑，诗书楹联，再现汤翁巨著"临川四梦"的情韵意境。迎宾村、度假村则以休闲、娱乐为主。

全部完工的汤显祖纪念馆将集文化、休闲、娱乐、教育为一体。汤显祖纪念馆不仅为当地的市民提供了一个好的休闲环境，同时也成为外地游客了解临川文化的重要窗口。

（3）紫霄观漂流风景区

南丰县紫霄观漂流旅游区位于南丰县紫霄镇境内，旅游区共有人文景观 13 处，自然景观 24 处，尤其是被誉为"江南第一漂"的紫霄溪漂流，在抚州市乃至全省范围内独一无二，古人留下了"九曲寒溪绕树流，岩前纤月照人游"的千古佳句。

紫霄观漂流沿途自然风光地合天成，突兀山峰形状各异，民间流传多姿多彩，真是"诸峰如草拔地起，碧玉含翠竖云端，群峰侧景山浮水，无山无水不入神"。在纵览李家寨，猪心石等一系列景点后，竹排已至紫霄山下。上岸步行约 10 分钟，途经梯云洞，浮邱祠等几百级奇险台阶后，便已不知不觉身处紫霄观前。全观由元武神殿、律政殿组成，四周散布着多处石雕佛像，虽够不上精美之誉，但朴实中略带神秘，令人虔诚之心顿起。紫霄观漂流的下游，一直到姜源水坝，风光以峻峰悬崖、奇岩怪石为主，身处竹排上，随水势迂回而山重水复、柳暗花明，直叫人赞叹大自然的神奇、造物主的鬼斧神工。

（4）宜黄华南虎自然保护区

宜黄位于江西省东部，地处武夷山山脉与雩山山脉向抚河平原过渡地带。境内属中亚热带湿润季风区，四季分明，气候温和，雨量丰富，光照充足。县内遍布类型多样，繁盛茂密的森林被群落，其间生长着水鹿、苏门羚、野猪、黄麂、华南兔等多种野生动物，是华南虎理想的生存繁衍地带，历史上是我省华南虎的主要分布区之一。

据县志记载，新中国成立前宜黄县境内虎、豹比较常见。五六十年代，由于人们认识上发生了偏差，将虎视为"害兽"而加以大肆捕杀。随着社会经济的发展，省内外华南虎的栖息地不断恶化，华南虎种群数量锐减，但在建有华南虎保护区的宜黄县境内的神岗、新丰、中港、东陂、白竹等乡镇，不断有人看到华南虎的身影。

（5）聚星塔

江西南城县城东郊十里外的武岗山上，高高耸立着一座雄伟的壮丽的古塔，这就是素有"武岗玉笔"之称的聚星塔。

聚星塔始建于明万历四十二年（公元1614年），始名"启元"，清康熙元年（公元1662年）易名"双江"，乾隆十九年（公元1754年）重修后，改今名"聚星"。

此塔坐落武岗山，其山素有"五邑山水之锁键，枕芙蓉面赤屏麻姑诸胜景"之说。外观此塔，英俊挺拔，塔表上敷有一层淡黄色灰泥，显得十分素雅玲珑，"麻姑"、"丛姑"二山，"太平"、"万年"两桥，交相辉映，构成一幅壮观的天然画卷。

聚星塔塔门朝西偏南，门上嵌有一块长条青石板，刻有"聚星塔"三字，字迹雄浑，遒劲有力。塔檐七级，呈八角形，由下而上逐层内收，收度极小。檐边砌锯齿形，叠托而上，昂首望去，浑厚凝重，蔚为奇观。塔顶立砖砌魁星（现已倒塌），向北倾斜。每当皓月当空，星光灿烂时，俯视塔下的武岗潭，可观其潭中塔影、星影，犹如众星捧塔。聚星塔名故由此而来。

（6）抚州疏山寺

疏山寺在金溪县。坐落在金溪县浒湾镇的群山峻岭之中。原名白云寺，建于唐中和二年（882 年），南唐升元元年（937 年）改称疏山寺。寺门横匾上书刻"疏疏山古寺"，门两边的对联是"野渡无人流水急，疏山有主白云闲"。

寺内正面是雄伟庄严的大雄宝殿，内有如来佛祖、阿弥陀、药王及十八罗汉的塑像。大雄宝殿东侧是一片竹园，西边是一排禅房，约 50 余间；寺门内、大殿前是弥勒佛、四大天王、伽蓝菩萨的塑像；大殿后而神仙岩，这里依次排列着观音菩萨、玉皇大帝、地藏王及三十三天、九泉地府的菩萨尊者，约百余尊；再后便是讲经传教的禅堂，房柱上旋着"门前青猿来南非要，屋后黄鸟听谈经"一副对联。

然后是方丈室、藏经阁。寺庙的膳堂和厨房都在大殿东侧。旁有一井，井中竖一长木。据传，此井直通抚河旁的疏山潭。初建寺时，所需木料，尽从井中升出。恰有一根木头卡在井口，数百年来供人观赏。

距膳堂半里处的参公塔院，是安葬历任住持和尚骨灰的地方。前有石塔，高 7 级。疏山寺周围，还有不少胜迹，如一览亭、放生亭、寨旗岭等。历代名人学士，如王安石、陆象山、曾巩、陆游、汤显祖等都来此登临，并泼墨留念。宋太祖、真宗、仁宗也赐过寺额。

（7）军峰山

军峰山位于南丰县三溪乡境内，海拔 1760.9 米，系赣东群山之首、抚州地区第一高峰。明崇祯九年（1636 年）11 月 11 日，明代旅行家徐霞客登军峰山时，曾发出"羡军峰之亲和"的感叹。也许是因为"军峰亲和"，也许是因为军峰山能显神灵，前往军峰山朝拜的人络绎不绝，特别是夏秋之际，登山游览者更多。

相传汉高祖刘邦指派大将吴丙讨伐南粤时，在此驻兵，在山上祭祀山神时，看见一将军跃马横刀、指挥满山军队操练，细观之则又倏忽不见，之后才发现此景象为幻景，遂将山命名为军峰山。这里也成为之后历代军队的休息之地。军峰山山高路险，风景优美，胜景如林。夏秋之际，香客来此烧香敬神，鼎沸喧闹。山上有观音堂、迎仙观、试心石、王母池、朝简石、野鸭池、罗汉岩、金沙洞、桃花源等胜迹。徐霞客游记曰：军峰耸翠乃南丰八景之最。

（8）千年古村流坑

被誉为"千古第一村"的流坑村，位于江西省乐安县牛田镇东南部的乌江之畔，四周青山环抱，三面江水绕流，山川形胜，钟灵毓秀。全村有 1280 户，5600 人，耕地 3572 亩，山地面积 53400 亩，村落面积 3.61 平方公里，是全县数一数二的大村子。

流坑村有着古老骄人的历史和高度发达的文明。五代南唐昇元年间建村（937～943），始属吉州之永丰县，南宋时割隶抚州之乐安县，至今已有一千多年的历史。这个村子大都姓董，是一个董氏单姓聚族而居的血缘村落。董氏尊西汉大儒董仲舒为始祖，又认唐代宰相董晋是他们的先祖。据族谱记载，董晋的孙子董清然在唐末战乱时，由安徽迁入江西抚州的宜黄县，他的曾孙董合再迁至流坑定居，成为流坑的开基祖。

宋代是流坑历史上最辉煌的时期之一，董氏崇文重教，以科第而勃兴，成为江南大家族聚居的典型。时有"一门五进士，两朝四尚书、文武两状元，秀才若繁星"和"欧（欧阳修）董（流坑董氏）名乡"之美称。元代，遇兵燹，村子遭毁。明清时代，村中有识之士绍继祖业，兴教办学，修谱建祠，并发展竹木贸易，使流坑村又一次繁荣兴盛。从宋初到清末，村中书塾、学馆，历朝不断，明万历时有 26 所，清道光时达 28 所。全村曾出文、武状元各 1 人，进士 34 人，举人 78 人，进入仕途者，上至参知政事、尚书，下至主簿、教谕，超过百人。

江西省有 30 名以上进士的村子仅有 4 个，流坑村是其中唯一一个文物遗址保存如此完好的古村落，实在是难得的。明代旅行家徐霞客曾到流坑村游历，赞："其处阛阓纵横，是为万家之市，而董氏为巨姓，有五桂坊焉。"近千年来，流坑科举之盛、仕宦之众、爵位之崇、经商之富、建筑之全、艺术之美、家族之大、延续之久，在江西是独一无二的，在全国也是少见的。

流坑村是中国封建宗法社会的一个缩影。在一千多年的漫长岁月里，流坑董氏依靠严密的封建宗族制度来凝聚族众、维系秩序、稳定发展。村中封建宗族活动的遗存随处可见，特别是那版本众多的谱牒和遍布村巷的祠堂，更是难得的人文景观。现在仍保存有明万历十年族谱 3 本，清代各房谱牒 20 多个版本，各种宗庙祠堂 58 座。大宗祠遗址更是一绝，五根高 8 米、直径 0.7 米的花岗岩石柱，傲视苍穹，被称为流坑的"圆明园"。

流坑以规模宏大的传统建筑，风格独特的村落布局而闻名遐迩。明代中叶，村子在族人的规划、营造下，形成了七横（东西向）一竖（南北向）八条街巷，族人按房派宗支分巷居住，巷道设置门楼，门楼之间以村墙连接围合的格局。巷道内鹅卵石铺地，并建有良好的排水系统。

村中现有明清古建筑及遗址计 260 余处，其中明代建筑、遗址 19 处，还有重要建筑组群 18 处、书屋等文化建筑 14 处、牌坊 5 座、宗祠 48 处、庙宇 8 处。另有古水井、风雨亭、码头、古桥、古墓葬、古塔遗址等 32 处。村中古建筑均为砖木结构的楼房，高一层半，格局多为二进一天井，质朴而简洁，但建筑装饰十分讲究，集木、砖、石雕（刻）及彩画、墨绘于一体，工艺精湛。

明代建筑怀德堂中的雀（爵）鹿（禄）蜂（封）猴（侯）砖雕壁画和水享堂照壁上镶嵌的"麒麟望日"堆塑，堪称精品。数以百计的屋宇，堂上有匾，门旁有联，门头、墙壁上刻有不少题榜、名额，共计 682 方（处）。这些匾联皆有来历，内涵丰富，意境深远，或表主人之身世，或显家族之荣耀，或体现儒家传统的道德思想，或反映"天人合一"的美好情境。流坑村古建筑具有浓厚的地方特色，代表了江西赣式民居的典型风格和特点，面积近 7 万平方米，基本保存完好，组群完整，街巷仍为传统风貌，有很高的历史价值、人文科学价值及环境与建筑艺术价值。

流坑村是古村文化的经典，是我国古典民居建筑中的明珠，也是为数不多的人类文明的瑰宝。

（9）仰山书院

仰山书院坐落在金溪县秀谷镇王家巷，是金溪人民纪念南宋理学家、教育家、"心学"创始人陆象山先生的场所。是江西省重点文物保护单位。

陆象山（1139～1193），名九渊，字子静，号存斋。金溪县青田人。宋乾道八年（1172 年）登进士，初任隆兴府靖安县主簿。淳熙九年（1182 年）任国子正，为大学生讲授《春秋》。淳熙十年至十三年在敕所任删定官，编理、修订奏章律令。淳熙十四年至绍熙元年（1187～1190 年）主管台州崇道观，以祠禄官闲居。绍熙二年，出知荆门军，绍熙三年腊月，病死于荆门任上，归葬于金溪，赐谥"文安"。明嘉靖九年（1530 年），被列入孔庙配祀。

陆象山在官时为政清廉，爱干实事，不喜空谈，他认为"任贤、使能、赏功、罚罪"是医国"四君子汤"。他是当时著名的理学家，陆学又称"心学"，他提出"心即理"，认为"宇宙即吾心，吾心即宇宙"，与当时理学家朱熹齐名。

淳熙三年（1176 年），陆象山与朱熹在铅山鹅湖寺聚会，对"太极"、"无极"和治学方法展开了一场辩论，成为历史上著名的"鹅湖之辩"。陆象山还是当时著名的教育家，在南宋思想学术领域内独树一帜，自南宋以来，历元明清至"中华民国"，统尊他为"百世大儒"。后人将陆象山生前所著、所讲编为《象山全集》，凡36 卷，他的学说后由明朝王阳明继承和发展，称为陆王学派。

（10）麻姑山

在江西省南城县城西有座麻姑山，山姿奇秀，景色优美，是道教三十六洞天中的第二十八洞天，全称叫："麻姑山丹霞宛陵洞天"，又是七十二福地中的第十福地。这座洞天福地本属女仙麻姑所有，相传她在此隐居得道成仙，缘此成名。

麻姑是中国传说中有名的女寿仙，相传在盱江西岸，离县城十余里的地方，有座麻姑山，相传很早以前这山不叫麻姑山，而叫丹霞山。山中有个庄户人家生有一女，取名麻姑，麻姑长得聪明、漂亮，十几岁就常同嫂嫂去采菇、打柴，两人往往同时出门，回来老碰不到一块，而且每次麻姑采的菇，打的柴都比嫂嫂多。

一天，嫂嫂追问麻姑，是否有谁帮了你的忙，麻姑照实说了。原来，麻姑每天都有一女童帮助他，只是不知这女童家住何方。一天，麻姑仍旧上山采菇，遵照嫂嫂的吩咐，暗暗跟踪女童，走呀，走呀，发现女童走到一棵大松树下就突然不见了。回家后，她又如实地告诉了嫂嫂。嫂嫂告诉她，你明天再去，偷偷把一绺红丝线系在她的后面，再找就不难了。

第二天，麻姑依计而行，把红丝线偷偷系在女童衣后，然后再偷偷尾随，到了那棵松树下，女童就不见了，只见地面上露出了一绺红丝线。早已暗中跟随在麻姑后面的嫂嫂窜了上来，举起锄头就挖，居然在地下挖出了一个扎红丝线的人形茯苓，麻姑心里不忍，哭着要嫂嫂放回原处，嫂嫂不肯，对麻姑说："这是千年茯苓，吃了可强身健体，你不取，别人也会挖掉"。

回到家里，嫂嫂借故把麻姑支开，立即生火烹煮茯苓，打算一个人吃掉。谁知茯苓还在锅里煮，被邻居有事叫去。这时，麻姑回来，忽闻得一阵异香，禁不住揭开锅盖，舀了一点尝，哈，可鲜美了，小孩子不懂事，索性吃了个精光。等她想到嫂嫂，茯苓已经下肚，自己也飘飘悠悠，腾空而起，飞上蓝天。嫂嫂回家见锅中无物，又不见麻姑，正待寻找，忽听麻姑在空中呼喊嫂嫂，这时，只见麻姑端坐彩祥云之中，在向嫂嫂招手。

麻姑升仙后，太上老君授以攘除灾厄之法，能掷米成丹。麻姑每年显灵，为穷苦乡亲除病消灾，频赐丰年。唐玄宗时，人们建麻姑庙，纪念这位仙姑，老百姓把最好的米叫麻姑米，最好的茶叶叫麻姑茶，最好的酒叫麻姑酒，把这座丹霞山，也改名叫麻姑山了。

今天的麻姑形象多为绘画和工艺品，或腾云，伴以飞鹤，或骑鹿，伴以青松，也有直身托盘作献物状，手中或盘中，一般有仙桃、美酒或佛手。过去给女者祝寿，常送麻姑献寿图。麻姑发祥地江西省南城县，利用麻姑山的甘泉，人们酿出了有名的"麻姑酒"。此酒透明醇厚，果香浓郁，确实有益身心。

(11) 抚州天主堂

抚州天主堂位于临川市文昌桥东的灵山路，始建于清光绪三十四年（1908 年），竣工于民国 7 年（1918 年），是全国第三大天主教堂，歌特式建筑，整个教堂占地面积 3850 平方米，建筑面积 2109 平方米。

教堂长 62 米，宽 34 米，高 30 米，前后共有六座塔楼，正面为钟楼，整个建筑用青砖，红石，白麻石经过精工砌筑而成，教堂内部有 58 根红色科林斯柱，粗壮挺拔，空顶离地面 15.3 米，拱顶骨架筋从其顶部散射而出，犹如空顶覆盖整个空间部位。教堂中央的神台上，悬挂着约瑟，耶稣，圣母玛丽亚三座雕像，教堂四壁墙画为 14200 块红，蓝，紫色异型玻璃花窗，最高为 13.5 米。抗日时期遭日军飞机轰炸，1985 年，国务院宗教事务局拨专款修缮，1987 年竣工，恢复原貌。

（六）九江市

1. 概述

九江市古称浔阳、柴桑。在江西的北陲，长江中游南岸，庐山北麓，东滨鄱阳湖，集名山（庐山）、名江（长江）、名湖（鄱阳湖）于一体，是一座具有 2200 多年历史的江南文化名城和旅游城市。辖 2 区 1 市 9 县：浔阳区、庐山区，瑞昌市，九江县、武宁县、修水县、永修县、德安县、星子县、都昌县、湖口县、彭泽县。面积 18796.79 平方公里，人口 475 万。

九江地势东西高，中部低，南部略高，向北倾斜，平均海拔 32 米（市区海拔 20 米），修水九岭山海拔 1794 米，为九江最高峰。九江地处中亚热带向北亚热带过渡区，年平均气温 16 ~17℃，年降雨量 1300 ~1600 毫米，其中 40% 以上集中在第二季度；年无霜期 239 ~266 天，年平均雾日在 16 天以下。

九江山清水秀，风光旖旎，名胜古迹甚多，旅游资源丰富，自古以来就是游览胜地。现在对旅游资源逐步开发，各景区，景点建设日臻完善，服务设施逐步改善，接待能力初具规模，被国家列为对外开放城市。九江旅游景区景点分为六区、两点、一线，共计三百余处，其品位之高雅，内涵之丰富，门类之全，密度之绸，实属国内唯一，世界稀有。六大景区：庐山牯岭景区、庐山山南景区，庐山山西景区，永修县景区、浔阳景区、共青城景区；两点：湖口县的石钟山和彭泽县的龙宫洞；一线：长江、鄱阳湖水上游。

九江交通得天独厚，既扼渝、汉、宁、沪的水上交通要冲，又是赣、鄂、皖、湘水陆联运的换港码头；京九铁路贯通南北，一桥飞架南北，长江天堑在此变为通途。

2. 历史沿革

九江是一座历史悠久的文化名城。九江之称最早见于《尚书·禹贡》中"九江孔殷"、"过九江至东陵"等记载，后据《晋太康地记》记载，九江源于"刘歆以为湖汉九水（即赣江水、鄱水、余水、修水、淦水、盱水、蜀水、南水、彭水）入彭蠡泽也"。

长江流经九江水域境内，与鄱阳湖和赣、鄂、皖三省毗连的河流汇集，百川归海，水势浩渺，江面壮阔。九江称谓的来历有两种，一是"九"为古代中国人认为的最大数字，"九江"的意思是"众水汇集的地方"，"九"是虚指；二是"以为湖汉九水（即赣江水、鄱水、余水、修水、淦水、旴水、蜀水、南水、彭水）入彭蠡泽也"，即九条江河汇集的地方，"九"是实指。长江流经九江水域境内，与鄱阳湖和赣、鄂、皖三省毗连的河流汇集，百川归海，水势浩渺，江面壮阔。

九江开发历史较早，夏、商时期，九江属荆、扬二州之域，春秋时九江属吴之东境，楚之西境，因而有"吴头楚尾"之称。九江作为行政区划最早出现在秦代，秦始皇划天下为三十六郡，就有九江郡。此后九江又有柴桑、浔阳、汝南、溢城、德化等古称。但主要以九江、柴桑、浔阳、江洲著称于世。

公元前221年，秦始皇统一中国后，把全国划为36郡，设有九江郡。西汉时，九江始建县，称柴桑，即现在的九江城，是汉高祖六年（公元前201年）车骑大将军灌婴在此凿井筑城戍守，称位城，又称灌婴城。三国时属东吴，隶武昌郡。唐时，改九江郡为江洲，天宝元年（742年）改为河阳郡，至乾元元年（758年）复为江洲，五代十国时，江洲是南唐道德教化之地，故改浔阳为德化，废江洲，宋时，复置江洲。元代改为路，元末陈有谅自称皇帝，以江洲为都，明代，改路为九江府，清沿明制。辛亥革命后废除帝制，1914年设道领县，将九江府改为河阳道，共领二十县，其中德化县因与福建省的德化县同名，于1914年改为九江县。

1917年设九江市，1921年3月，设九江行政厅，次年改设市政府。1932年2月，设立行政区制。1936年又改为九江县，1949年5月7日九江解放。7月19日设九江专员公署，原九江县的农村划九江县，原九江县的市区划分为九江市。1968年4月，成立九江专区革命委员会。1971年2月，改为九江地区革命委员会，1979年改为九江地区行政公署，1980年九江市从九江地区划出，升为省辖市，市辖浔阳、庐山、郊区三区，1983年7月27日地市合并，同时实行市管县体制，现辖九江县、武宁县、修水县、永修县、德安县、星子县、都昌县、湖口县、彭泽县等九县、瑞昌市、浔阳、庐山两区、九江经济技术开发区、共青开发区和庐山风景名胜区管理局。

3. 特色特产

特色产业——小山竹：小山竹是瑞昌传统产品，资源极为丰富，总面积14万亩，连片3000亩以上的山竹地块有八处。特别是淡竹林，面积达11.4万亩，占九江地区淡竹总面积的84%，居全省之首，堪称"淡竹之乡"。

修水石楠木梳：石楠木梳是修水县的传统产品。它具有齿易不发，去屑止痒；对发根及头皮无损害和刺激，不易产生静电感应，长期使用还有活络大脑神经之功能。修水县工艺厂生产的"石楠木梳"，制作工艺精巧，造型有人物、花卉、鸟兽等众多品种。远销美国、英国、日本、荷兰等国。它是国外妇女所喜欢的一种头饰，同时也作为收藏家的收藏艺术品。

修水赭砚："赭砚"，因石质以赭色为主而得名。清代道光皇帝侍读、修水籍万承凤曾将该砚呈道光皇帝，帝欣喜，视为珍品。后被列为贡品，所以又称"贡砚"。修水赭砚以赭色为主体，翠绿为镶嵌，并不少量的鸡血纹理。而且发墨易液，贮水不涸，历寒不冰，墨书解久，不损笔毫。甚为书画家所赞赏的赭砚，分素砚、雕砚两大类。素砚有二十多个品种规格，雕砚有高、中、低三个档次，三百余个图案品种。1984年，赭砚参加全国文房四宝展览会，博得专家好评，外商争相订购。1985年，"立体寿龟砚"获九江市新产品证书。1987年，中国书法家协会副主席黄倚教授为修水赭砚题词为"触笔细而不滑，发墨速而不粗"。

星子金星砚：金星砚是星子县传统工艺品，迄今有1600余年的历史，据传第一方金星砚是东晋田园诗人陶渊明亲手刻琢而成。南唐中主李景隐读秀峰，专用此砚，收为珍藏。宋朝徽宗皇帝酷爱丹青，得此砚大悦，称为"砚中之魁"而闻名天下，故又名金星宋砚。此砚石质坚韧，刚柔兼备，石色清莹，远销日本、东南亚等国家。

庐山竹丝画帘：庐山竹丝画帘，薄如细布，光滑柔软，可卷可挂，秀雅宜人。作为厅堂书宝陈设，使之室内生辉；作为房门挂帘，可透清新空气；作为艺术品收藏，则充分体现了中国国画的风格。庐山工艺美术厂生产的竹丝画帘、竹丝屏风、竹丝绣帘工艺精湛，深受国内外游客所赏识，被称为"中国庐山艺术珍品"。

如意石耳：利用庐山特产石耳制作而成，此菜形似如意，整齐美观，黑白分明，鲜嫩清爽。富含蛋白质、脂肪、维生素、无机盐等，有清热凉血、滋阴补血之功效。咯血、衄血、病后体虚者宜用，曾得到烹调老前辈及中外来宾一致好评。

鄱阳湖竹荪：竹荪是世界上最珍贵的食用菌之一。因其具有优美的体姿、鲜美的口味和丰富的营养成分而被人们誉为"真菌皇后"、"真菌之花"。竹荪具有一种独特的无可比拟的清鲜风味。其质地脆嫩疏松，能够饱吸鲜汤叶，使味道愈见鲜美而爽口。

鄱阳湖笋干：笋干，是新鲜竹笋经蒸煮、烘烤制成的。其色泽清绿黄亮，香气馥郁袭人，色美味鲜，脆嫩可口，为风味独特的佐餐佳晶和筵席上的高等菜肴。冬笋制成的笋干又称"玉兰片"。

鄱阳湖藜蒿：藜蒿又名水蒿，是鄱阳湖内的一种野生植物，嫩茎味道清香，肉质脆嫩。每年阳春三月，正是吃藜蒿的最佳季节。藜蒿是鄱阳湖的草，南昌人的宝，正宗鄱阳湖的藜蒿是绿叶红蔓，气味芳香，可作主食或者配料，可熟食，亦可凉拌。

永修攒林茶：永修攒林茶，又名"攒林云尖"，俗呼"云雾尖"。它产于森林苍苍、秀雾茫茫的永修县云居山中。

"云雾尖"在南宋时就列为贡品。相传清代的康熙、乾隆两皇帝都曾把它当作长寿珍品。四十年代初，在海灯禅师主持下，云居山真如禅寺众僧曾辟土植茶七十余亩，一时被佛门视为珍宝。

武宁猕猴桃："猕猴桃"，又名杨桃、仙桃、藤梨、芝麻桃等。

武宁县年产约140万斤左右。猴桃含有丰富的维生素C，比柑橘高三到十倍，比梨和苹果高三十倍左右，同时含有有多种氨基酸和微量元素，是目前世界上唯一没有受到污染的水果。

"宁红茶"素以条索秀丽，金毫显露，锋苗挺拔，色泽红艳，香味持久而闻名中外。据旧方志及清代瑞延《纯浦随笔》等书记载，宁红茶创始于清朝道光年间，至光绪年间曾一度被列为贡品茶。二十世纪初是宁红茶盛产、销售全盛时期，国内外茶商、专家誉其为"茶盖中华，价甲天下"。当时还流传着一句行业谣谚："宁红不到庄，茶叶不开箱。"

鄱阳湖珍品——银鱼：鄱阳湖银鱼形公似簪，色如玉，通体透明，肉味鲜美，蛋白质丰富，含有钙、磷、铁等微量元素，尤富含不饱和也油脂。既可鲜食，也可晒制干品，干品冷水浸泡，烩炒煮均可。

武宁棍子鱼：武宁棍子鱼又叫马头鱼，是一种头大、吻扁、唇厚、有一对胡须的小型鱼类，最大的个体也只能长到20多厘米长。它生活在江河湖泊的下层，虽杂食，但偏重觅食动物性食物，如底栖水生物、幼虫等。这种鱼腹腔较小，肠道短，内脏部分比例小，俗话说"只有一根肠"，易于清洁，可食部分比例大。肉质坚实，肌间刺少，味道鲜美，红烧、辣烩都可，是武宁湖区一道特色菜。

庐山鲜笋：产自江西省庐山生态保护区的食用鲜笋，以其独特的自然环境，被公认为是无污当的保健美容食品，深受广大消费者的青睐。选择绿色食品，首当庐山鲜笋。

庐山云雾茶：庐山云雾茶，历史悠久，始于汉代，宋代列为贡茶，为中国十大名茶之一。"一雨百瀑匡庐水，一峰千态匡庐云"，湿润、飘逸、变幻多姿的云雾和充沛的雨水，使庐山云雾茶的生产环境得天独厚。故所产茶叶品味兼优，素以"香馨、味厚、色翠、汤清"等特色而享誉国内外。

湖口豆豉："豆豉"是一种传统的大豆制品，它不仅是极好的菜肴佐料，而且还有许多药用价值。"湖口豆豉"分甜豆豉、汁豆豉、五香豆豉三种，其中五香豆豉最为人们喜爱。它以上等黑豆为原料，并用清澈见底的鄱阳湖水洗去黑豆霉衣，加上传统精湛的制作工艺，使其色、香、味俱佳。它是餐厅、家庭必备的调味品之一。

湖口糟鱼：据史学家考证，传统糟鱼起源于原始社会晚期的鄱阳湖口与长江交汇地区，故称"湖口糟鱼"。湖口糟鱼，自明朝万历年间，曾是湖口地方贡品被选送朝廷。产品选用亚洲第一大无污染的淡水湖——鄱阳湖所产鲜鱼为原料，经传统工艺糟醉而成。滋味醇和，咸鲜适口是旅游休闲，居家迎宾馈赠朋之佳品。

云山云雾茶：云山云雾茶系江西省优质茶之一，是云居山脉最具代表性的名特产品，因生长于高山中，茶圆终年云雾缭绕，饱尝云雾，具有香馨、味厚、色翠、汤清之特色。

彭泽鲫：彭泽鲫原产于彭泽县丁家湖，太泊湖、芳湖等水域，属于杂食性鱼类，曾以捕获重达13斤的个体而闻名全国。经过江西省水产工作者历时7年的辛勤工作，该鱼种的优良性状愈加显著，具有生长快、个体大，抗病性、适应性强，养殖环境要求不高等特点，池塘主养彭泽鲫，单产1000公斤，养殖效益十分明显，被农业部确定为向全国重点推广的淡水优良品种，曾获农业部科学进步二等奖、江西省星火计划一等奖。

桂花茶饼：以优质茶油、芝麻、桂花和面粉为主要原料，采用传统工艺精制。有"小而精、薄而脆、酥而甜、香而美"等特点，历史悠久。苏东坡有"小饼如嚼月，中有酥和饴"之说。

桂花酥糖：与桂花茶饼同称"桂花双壁"。采用白芝麻仁、食油、富强粉、白砂糖、饴糖和桂花等精制而成。此传统名产呈乳白色，质地细嫩酥脆绵软，具有润肺、建胃、止咳等功效。

黄老门生姜：九江县黄老门乡种植生姜可谓历史修悠久，相传在明朝年间就有人种姜，距今有600多年的历史。如今当地群众还流传着"陈友琼的薯，朱元璋的姜"的口瑶。黄老门生姜的具体名称无从考证，一般都称"黄老门姜"。黄老门姜与外地姜相比除具有生姜本身属性外，还有它的独特之处：一是味道鲜辣，回味时间长；二是含干物质多，水分含量较少；三是耐贮藏，可以保存较长时间，切口后短期内不易变黑腐烂。

修水哨子：哨子，为江西省九江市修水县特产，是江西省九江市修水县一种传统已久而富有特色的美味食品。凡到修水的人无不想美餐一顿哨子，而好客的修水人常以哨子佳肴来礼待自己的客人。

羽绒制品：国家大型企业江西共青羽绒厂位于共青城内，是共青城的支柱产业。共青羽绒厂现为中国最大的现代化的羽绒制品专业厂家，享有自营进出口权并建立了保税仓库。共青羽绒厂生产的鸭鸭牌系列产品以其高雅的设计，新颖的款式、上乘的质量，成为高品质的象征。屡获省、部优质产品奖。鸭鸭牌荣登江西省著名商标榜首，1999年入选中国驰名商标。产品覆盖国内30个省、市、自治区，畅销世界60多个国家和地区。

大理石：修水县四都镇有着丰富的大理石资源，探明储量为202.5万立方米，可开采几千年。品种有玫瑰红，网状粉红，黄灰，美玉，藕白，金花，米黄等，年生产能力可加工大理石板材25万立方米。该产品花纹清晰，结构紧密，光洁度高，光滑平整，细腻，色泽鲜艳，质地纯红，耐酸，耐磨，耐腐。

瑞昌山药：山药为瑞昌的特产，味甘，性温平，蕴含十多种人体所需要的营养成分，耐冬令时节滋补养颜之保健佳品，男女老幼皆宜。

4. 民俗节庆

竹、木、布、纸扎成"龙灯"节日舞：九江"龙灯"又称"龙舞"，俗语"玩龙灯"。龙灯形象各有特色，多用竹、木、布、纸等扎成，节数多则近百数，少则二三十，但均为单数。躯体内能燃烛者称为"火龙"，不燃者称"布龙"、"沙龙"。"龙舞"套路甚多，常见为一手举红色绸珠，在两条"龙"之间戏其作舞。"龙"随红珠或腾跃、或滚动、或盘起、或穿插，使观者目不暇接。竹篾扎成"采莲船"，艄婆艄公唱小调。九江各县"船灯"又称"采莲船"。它用竹篾扎成一小船，蒙以彩布或彩纸，用绿色绸布表示水纹遮住少女双脚。船外有艄公艄婆，艄公撑篙（桨），艄婆撑舵，手摇大蒲扇；三人动作协调，模拟上滩下滩、顺风搁浅等行船动作，船中少女唱各种小调，并配以锣鼓，艄公艄婆不时插话帮腔，诙谐滑稽。

浔阳纸扎：浔阳纸扎渊源于古代民间宗教祀祭活动，以后逐渐成为庆祝节日的一种装饰艺术。浔阳纸扎习俗，明清时遍及城乡，每逢节日或喜庆之际，民间艺人则充分施展其技艺，扎制成高意诙谐的"老鼠攀葡萄灯"，喜得贵子的"麒麟灯"，望子健康的"鸭（压）子灯"，祝贺新婚的"鸳鸯灯"，祈求丰收的"金鱼灯"，以及名种花草、鸟兽等。这些色泽艳丽、造型拙朴、寓意明快的各类纸扎品，均取竹、木、线、纸为主要材料。以竹、木为骨架，以线团缚部位，糊彩纸以装饰。为喜庆欢快的活动频添几份色彩，同时也为哀丧、祀祭场面蒙上一层神秘的面纱。

九江庐山杯国际龙舟赛：每当农历五月五端午节还未来临时，全国空前规模的龙舟赛已在九江人的热烈期盼中拉开了帷幕。一年一度的全国"庐山杯"龙舟赛安排在六月初举行。届时，中外游客及九江市民十余万人观看开幕式盛况，可欣赏到摩托艇竞速、花样滑水、彩船游湖、对空击彩、空中跳伞等精彩的水上体育表演。而当鼓点开始后，整个南湖的场面更是壮观非凡，鼓声、喊声响成一片，只见装饰有龙头的竞渡船飞奔向前，你追我赶，碧波荡漾的湖面上飘荡着一种紧张、热烈的气氛。

5. 美食餐饮

甑子糕：甑子糕是武宁县久负盛名的风味小吃之一。因将糕粉等原料置于一个小甑子的鬲上隔水蒸制，故而得名。甑子糕有其热乎乎、甜滋滋、香馥馥且松软爽口等诸多独到之处，所以上从士大夫，下至平民百姓，无不青睐。

三杯石鸡：三杯石鸡是庐山传统地方菜肴，因烹制时不放汤水，以三杯调味品将鸡焖烂熟透，故名三杯石鸡。此菜酱红，原汁原味，浓香透鼻佐酒下饭皆宜。

庐山石鱼：庐山石鱼体色透明，无鳞，体长一般在30~40毫米左右，同绣花针长短差不多，就是长上七八年，长短也不超过一寸，故又名绣花针。石鱼长年生活在庐山的泉水与瀑布中，把巢筑在泉瀑流经的岩石缝里。其肉细嫩鲜美，味道香醇，闻名遐迩。石鱼不论炒、烩、炖、泡都可以，营养成分丰富。

庐山石鸡：庐山石鸡是一种生长在阴涧岩壁洞穴中的麻皮蛙，又名赤蛙、棘脑蛙，体呈赭色，前肢小，后肢强壮，昼藏石窟，夜出觅食。它的形体与一般青蛙相似，但体大，肉肥，一般体重三四两，大的重约一斤左右。因其肉质鲜嫩，肥美如鸡而得名。

脆皮石鱼卷：脆皮石鱼卷是以庐山石鱼为原料精心烹饪而成，鲜味浓厚，颜色金黄，外脆里嫩，是佐酒佳肴。

石鱼炒蛋：将石鱼用温水加黄酒浸泡沥干水分，加打散的鸡蛋拌匀，佐以香葱、盐、味精，用热油快炒，滴黄酒，装盘即可。此菜特点：色泽鲜黄，味鲜嫩，柔润爽口。

黄焖石鸡：将石鸡斩头去爪，洗净内脏，切成块状过油，佐以四米，加黄酒、酱油、盐、高汤用小火焖熟，用旺火收汁，淋香油即可。此菜醇香，肥美，味道十分可口。

炒糯米：将糯米入开水浸泡并加搅动，约十分钟后捞出，滤干。然后加以少量生油、食盐，以手拌匀，置锅中（或加砂）拌炒。以茅柴为燃料，火候适度，炒拌时间以竹帚含蘸油水淋洒至熟。以膨松、黄脆为佳。用砂炒之者，熟后需以竹筛筛净，以免牙碜。

油炸豆腐：将豆腐切成厚薄均匀、大小适中的三角片状，置油锅煎炸，至见黄起壳捞出，然后氽入汤中，加配料诸味煮之。汤以覆盖豆腐为量，至诸味浸透豆腐即可食用。

糯米水子（冲蛋）：将干糯米粉铺散于竹簸箕上，以竹帚蘸水间断均匀洒之，同时推动簸箕，使糯米粉碰撞结团，至糯米粉结成小指头大小之均匀弹丸状止。然后，入沸水煮熟，捞入碗中，添加白糖，兼或另加少许桂花，即可食用。

二来子油条：卖剩的油条经回锅重炸而松脆可口者，名"二来子油条"。

6. 旅游景点

（1）甘棠湖景区

九江市内景点最引人入胜的是"甘棠湖"，面积约80公顷，是一座"自有源头活水来"的天然湖泊。

东汉末年，东吴名将周瑜曾在此演练水师。唐诗人白居易为江州司马时，建亭于湖心，以《琵琶行》中"别时茫茫江浸月"之句名"浸月亭"。北宋寓"水光山色薄笼烟"之意改为"烟水亭"。由于相传周瑜练水军时曾在此点将，故又称内主要古建筑有：船厅、纯阳殿、翠照轩、五贤阁、众妙楼、燕会亭等。

正殿左壁有一长方石牌，上刻一巨大草书"寿"字，传为八仙中的吕洞宾手书，字体龙飞凤舞，形若游龙，气势磅礴，细观金字由"九转成丹"四字合成，体现了道家"炼丹"、"修仙"的思想，观之妙趣横生。立于亭前，遥望庐山，只见山如屏障，烟云缥缈，湖光山色尽收眼底。在湖中有唐代江州刺史李渤筑的长堤，长堤上有宋代建筑的"思贤桥"，把甘棠湖一分为二。由此堤可登上高12米、六角三层的"映月楼"，举目眺望，绿波涟漪，彩霞映波，岸柳成荫，景色如国。

（2）大胜宝塔

大胜塔位于能仁寺内大雄宝殿东南侧，建于东晋，为砖石结构，六角七层，高42.3米，底层对角直径长8.9米。清人小说《儿女英

红色圣地江西

二 主要城市风情

123

雄传》中的"十三妹大闹能仁寺"故事就取材于此。一千多年来，虽然经风雨侵蚀，地震摇撼，仍巍然屹立，毫无倾斜，远望近瞻，雄伟壮观。

（3）九江能仁寺

江西游之九江能仁寺在九江市中心的庾亮南路，有一座古老的寺院，这就是九江三大丛林之首——能仁寺。

九江城历史上有四大名刹，为"能仁、舍利、龙池、海天"。海天泯灭既久，龙池没于同治，舍利荡然无存，唯独能仁寺始建于南朝梁武帝年间，历经兴废更迭，绵绵延延，至今仍然香火旺盛。据《九江能仁寺同戒录》载，能仁寺旧名为"承天禅院"，唐大历年间重建。

北宋庆历年间，禅宗南派南岳法系十二世白云端禅师来院主持。他一面扩建殿宇，一面开堂示讲、传灯阐教，一时众如云集，承天院亦声名狼藉。元至正十二年因战火而毁，明洪武十二年又建，弘治二年改为今名，清咸丰年间又毁。现建筑多为清同治九年重建。

能仁寺地处闹市，建筑面积3000平方米。其建筑依坡就势，布局规整，层次分明，幽会轴线上依次有山门、天王殿、双阳桥、大雄宝殿、铁佛殿、藏经楼等建筑，寺内殿宇栉比，佛像庄严。宽阔的山门，"能仁古寺"四个大字特别醒目。土红色的山墙上，镶嵌着九个金黄色的大字，使寺庙平添几分神秘色彩。

寺内地势平坦，局部略有起伏，三面环坡，一派"莲花佛国"景色，古朴肃穆，是江西较大的古建筑群。最具特色的大雄宝殿歇山顶式，砖木结构，小青瓦盖顶，单层重檐，八角高翘，朱柱回廊，古朴而有气势，端庄而不铺张，是晚清佛教不振时期的寺庙建筑代表作。大殿廊柱上有一副楹联：石船天外飞来，恐期人深沉苦海，误入迷津，幸逢铁佛灯传，凭一念慈悲普济；宝塔云间插去，看此地会没无遮，参乘最上，更对庐峰烟袅，结千秋香火良缘。此联中佛教传说与寺内奇景交融，寓佛理于景观，颇具匠心。

（4）浔阳楼

浔阳楼，因九江古称浔阳而得名。楼始建年代虽不可考，但据唐代诗人、德宗贞元年间江州刺史韦应物的《登郡寄京师诸季淮南子弟》一诗中说的"始罢永阳守，复卧浔阳楼"；唐代诗人、宪宗元和年间江州司马白居易，清代诗人、康熙年间兵部侍郎佟法海等到，所咏的浔阳楼诗，可以看出，浔阳楼自唐代至清代沿存，且颇具规模。

浔阳楼于 1987 年由九江市人民政府重建。总体占地 2000 平方米。主楼占地 300 平方米，高 21 米，外三层内四层，九脊屋顶，龙檐飞翔，瓦朱栏，四面回廊，古朴凝重，建筑面积为 1000 平方米。浔阳楼由曾设计过黄鹤楼的工程师向欣然设计。在设计过程中，他参照舆刊本《水浒传》插图和宋代《清明上河图》的建筑风格，进行设计。楼而北两面顶檐下各悬有由赵朴初题写的《浔阳楼》巨幅匾额。

步入一楼大厅，正中悬挂着现代著名书法家王个移生前留下的墨迹，"逝者如斯"横匾。匾两侧的大红柱上，有著名作家杜宣撰写的长联；果有浔阳楼乎，将宋江醉壁上题诗，写得有声有色；如获至无水浒传者，则梁山聚义替天得道，就会无影无踪。东西两面墙上分别镶嵌着一幅彩绘瓷拼成的大型瓷板壁画，东幅为"浔阳楼宋江吟反诗"街头六个故事片断；西幅为"梁山诸好汉劫法场"等四个故事片断。壁画构图精巧大方，色彩淡雅古朴，人物生动逼真，画面流光溢彩。

二楼是展厅，厅内陈列着《水浒传》梁册 108 好汉的瓷瘤像。厅中柱上挂抱式楹联，书有古今名人有关浔阳楼的诗词。三楼系仿古酒楼茶座内置仿宋桌椅，播放古典音乐。每当人们登此品茗、饮酒、赋诗，仿佛身临水浒真境。凭栏远眺，滚滚长江尽收眼底，巍巍匡庐一览无余，令人心旷神怡，雅趣无穷。

浔阳楼的总体建筑，充分利用江畔、江面等自然条件，创造出雄伟而又秀拔的风格，在庐山和长江相互衬托中，更显完美。

（5）琵琶亭

位于九江市长江大桥东侧，面临长江，背倚琵琶湖。唐代元和十年（815年），诗人白居易由长安贬任江州（今九江市）司马。翌年秋天，送客于浔阳江（今九江市北长江一段）头，有舟中夜弹琵琶者，听其诉说身世，触景生情，因作《琵琶行》赠之，亭名由此而来。

琵琶亭始建于唐代，原在九江城西长江之滨，即白居易送客之处。但历代屡经兴废，多次移址。清代乾隆年间（1736～1795年）重建，至咸丰年间（1851～1861年）又遭兵毁。1988年3月新琵琶亭建今址。亭高20米，双层重檐，悬挂着刘海粟大师题写的"琵琶亭"金字大匾额，亭台气势磅礴，熠熠生辉。亭前有巨大石碑一块，上刻《琵琶行》长诗，全文共616字。

亭院正中，矗立着汉白玉白居易塑像。亭院两旁建有碑廊，镶嵌着历代诗人题咏琵琶亭诗赋共56块碑刻。白居易的《琵琶行》和《长恨歌》，是各有独创性的名作，成千古绝唱。有道是"童子解吟长恨曲，胡儿能唱《琵琶》篇"。此后，一直传诵于国内外，显示了强大的艺术生命力。我们能有机会游览琵琶亭，体味诗人所写的意境，并从中得到有益的启发，亦为人生快事。

（6）九江狮子洞

狮子洞坐落在九江县狮子乡的狮子山麓，隐藏于狮子山腹石壁之中。因山形状像头巨狮卧着，洞依山得名。洞前卧着一具雄狮塑像，其口为门，既显森畏，又有情趣。

狮子洞的特点在于：象形景物甚多，复杂变幻，步移景换，妙趣横生，而且曲折回环，彼此串绕，上下沟牵，处处贯穿，幽奥雅寂。它发育在两叠系下部的茅口灰岩和栖霞灰岩中，沿着具有组张性断裂面形成，张性结构面向下撒开与收敛，压性结构近于直立断裂面所截，在温湿气候条件下，通过流水对可溶性岩石长久和不断地溶塑创造成的。此洞全长游程近 500 米，于 1982 年正式接待游人。

洞内的总面积 1300 平方米，是由 7 厅和近 40 个景观所组成，厅厅相通，景景相连。如前门厅、迎客厅、聚庆厅、玉帷厅、紫竹厅、碧莲厅、藏匙厅，主厅高 19 米，阔 11 米，蔚然壮观；全洞的钟乳石晶莹夺目，异彩纷呈，造出各种禽、兽、竹、树、又如孔雀、石天鹅、石狮、石象、石猴、石龟、石鳄鱼、石美人鱼、石护门神、石鼓、石笼、石塔、石林、石莲、石菊、还有石柱、石栏、石帐、石幔、石泉，以及其他禽、兽、花、草、竹、木等等。构成绝妙的动植物世界，栩栩如生，生机益然。

（7）九江涌泉洞

涌泉洞位于九江县城西 30 公里处，以洞中有一股泉水涌出地面而得名，已是一个规模较大的石灰岩溶洞。

在我国清朝时期的县志曾有文字记载，洞内藏有明朝的瓷器骨针、围棋子等历史文物。涌泉洞面积 13000 多平方米，游程 1400 多米，其中水域 3900 平方米，游程 680 多米，有 10 个景群 120 多个景观，石灰岩与涌泉水的结晶，造就广大然的地厂艺术宝库，由石花、石幔、石笋形成的奇景异物，触目皆是，色彩缤纷，形态逼真。涌泉洞中，地下水极为丰富，暗河潜流遍布，四通八达，洞内空气清新，气温适中，湿度相宜，水陆兼游，别有风趣。

（8）九江岳母墓

岳母姚氏，河南省汤阴人。在金兵入侵中原之际，送子参军，报效祖国。并在岳飞背上刺下"精忠报国"四字，嘱其永誌不忘，被我国人民尊为千古母范。

岳飞是我国民间妇孺皆知的民族英雄。南宋绍兴元年至五年（1131～1135 年），他曾率领岳家军转战江州，荡清内寇，巩固后方。岳飞的母亲姚太夫人亦随军来浔，并且爱上了匡庐的山水。

绍兴六年（1136 年），岳飞调军鄂州，不料老母病故军中。岳

飞上书朝廷，将母亲的忠骸埋葬在庐山，让母亲的忠魂与其生前喜爱的庐山并存。

岳母墓在庐山的支脉株岭山北一座被风水先生视为"卧虎舔尾"的山冈上，茔地方圆 9 米有余，塚高 1.7 米，圆形拱顶，石灰石结构，墓碑正中直刻"宋岳忠武王姚夫人之母"。墓前有拜台和祭器。沿着石台阶下山，山麓原有岳母祠，祠前有一对石马和秦桧夫妇反剪两手跪姿石像，毁于中日战争。现仅有残石马一对。

（9）九江石钟山

石钟山位于鄱阳湖出口长江南岸，属湖口县双钟镇，位于镇南的叫上石钟山，位于镇北的叫下石钟山，相对高度只有 50 多米。

石钟山历史悠久，其得名由来，据北魏郦道元说，是微风鼓浪，水石相搏，其声若钟；唐李渤则在深潭上发现两块巨石相击之声，清脆而高亢，故名石钟。为解决此谜，北宋文学家苏轼亲自乘舟考察，发现绝壁下都是洞穴和石缝，风浪冲击洞穴，发出钟鸣般的声响，谜底终于揭开了。苏轼为此写下了千古名篇《石钟山记》，石钟山就更扬名中外了。

关于石钟来历还有一些民间神话传说：天上玉皇大帝建造灵霄宝殿，用九华山白玉石雕刻了两口玉石神钟，命力士下凡搬运，力士腾云驾雾，肩挑双钟，途经鄱阳湖与长江汇合处上空时，因贪看景色，不觉神钟脱肩落地，一在鄱阳湖畔，一在长江之滨，因而才有上、下石钟山之分。

鄱湖长江，烟波浩渺，湖光山色，风景宜人，而石钟山上又山临水、水绕山，素有"小蓬莱"之雅称。浑浊的长江水滚滚东流，浩瀚清澈的鄱阳湖水北流长江，清浊分明，合流近 50 华里而不混。两座钟山又以下钟山较胜，山上怪石林立，江边石洞众多，历史上早已成为旅游胜地，亭台楼阁，回廊曲折，名篇手书，古迹甚多。主要名胜古迹有怀念苏东坡月夜泛舟探石钟山的怀苏亭、纪念晋代田园诗人陶渊明弃官归田的归去亭及江天一览亭、半山亭、锁江亭、临江塔、绀园、船厅、报慈禅林、太平天田遗垒、同根树等 30 余处。

石钟山不仅风景秀丽，而且地势险要，素有"江湖锁钥"之称，自古为兵家必争之地，历史上在此曾发生过多次大战，如元末朱元璋和陈友谅之战、太平天国石达开与曾国藩之战等，现仍存有太平军营房壁垒遗址——太平遗垒。

（10）九江龙宫洞

位于彭泽县城西南 36 公里的乌龙山麓，是 1978 年新发现的山底溶洞。因山洞酷似古典小说《西游记》中所描述的东海龙宫，故名龙宫洞。

龙宫洞东距石钟山 43 公里，东南距景德镇 90 多公里。龙宫洞长达 2700 米，洞中有大量石钟乳、石幔、石笋等。主要游览点有前厅、甬道、东宫、西宫和正宫。前厅并列着 3 根石笋，好似三尊鬓须斑白的寿星老人。

东宫钟乳石千姿百态，在霓虹灯照射下显得绚丽夺目，令人眼花缭乱。西宫一石笋和洞顶钟乳石紧密衔接，顶天立地，如东海龙王的定海神针，下压一石龟。鼓乐厅的钟乳石形同巨大瀑布，实由数百片钟乳石组合而成。

正宫距入洞口约 1100 多米，长 80 米，宽 70 米，高 60 米。宫顶石钟乳下垂酷似宫灯，壁上花纹斑斑。中央龙王宝座，左有擎天柱，右有石鼓，可谓造化之妙，不可言喻。据考察，庐山地区在远古时期是一片汪洋大海，沉积着厚实的石灰熔岩。以后海底上升形成陆地，石灰岩藏在地壳里，约在几十万年前的冰河期，地下水下降，熔洞干涸，雪水滴落，慢慢地形成石灰熔岩，此即龙宫洞形成的科学说法。龙宫洞风景管理处近年来积极开发新景点。

1992 年开放玉仙洞后，1993 年又重修始建于蜀汉建兴五年（227 年）的千年古刹仙真岩天王殿、大雄宝殿、藏经楼等。整座建筑群金碧辉煌，雄伟壮观。与龙宫洞、玉壶洞（游船）、玉仙洞、仙真岩鬼蜮、西游记系列神话传说宫等联成一体，共迎嘉宾游览。

（11）鄱阳湖

鄱阳湖地处江西省的北部，长江中下游南岸。鄱阳湖以松门山为界，分为南北两部分，北面为入江水道，长40公里，宽3至5公里，最窄处约2.8公里；南面为主湖体，长133公里，最宽处达74公里。

鄱阳湖南北长173公里，东西最宽处达74公里，平均宽16.9公里，湖岸线长1200公里，湖体面积3583平方公里（湖口水位21.71米），平均水深8.4米，最深处25.1米左右，容积约276亿立方米，是我国最大的淡水湖泊。

它承纳赣江、抚河、信江、饶河、修河五大河。经调蓄后，由湖口注入我国第一大河——长江，每年流入长江的水量超过黄河、淮河、海河三河水量的总和，是一个季节性、吞吐型的湖泊。鄱阳湖水系流域面积16.22万平方公里，约占江西省流域面积的97%，占长江流域面积的9%，其水系年均径流量为1525亿立方米，约占长江流域年均径流量的16.3%。

鄱阳湖多年平均水位为12.86米，最高水位为1998年7月31日的22.59米，最低水位为1963年2月6日的5.90米（湖口水文站，吴淞基面）。年内水位变幅在9.79～15.36米，绝对水位变幅达16.69米。随水量变化，鄱阳湖水位升降幅度较大，具有天然调蓄洪的功能。由于水位变幅大，所以湖泊面积变化也大。汛期水位上升，湖面陡增，水面辽阔；枯期水位下降，洲滩裸露，水流归槽，湖面仅剩几条蜿蜒曲折的水道。具有"枯水一线，洪水一片"的自然景观。

鄱阳湖在古代有过彭蠡湖、彭蠡泽、彭泽、彭湖、扬澜、宫亭湖等多种称谓。其中彭蠡，是很古的泽薮名，《汉书地理志》"豫章郡彭泽"条载："彭蠡泽在西"。还有另一种说法："彭者大也，蠡者，瓠瓢也。"形容鄱阳湖如大瓢一样。经过漫长的历史年代，在地质、气象、水文等符合作用、长期发展下，彭蠡泽向南扩展，湖水越过松门山直抵波阳县附近，因而易名鄱阳湖。

在湖水南侵之前，松门山以南原本是人烟稠密的枭阳平原，随着湖水的不断南侵，鄱阳湖盆地内的枭阳县和海昏县治先后被淹入水中，历史上曾有"沉枭阳起都昌、沉海昏起吴城"之说。烟波浩渺、水域辽阔的鄱阳湖，经过漫长的演变，在距今约1600年左右形成了现代鄱阳湖的雏形，犹如一只巨大的宝葫芦系在万里长江的腰带上。

鄱阳湖是国际重要湿地，是长江干流重要的调蓄性湖泊，在中国长江流域中发挥着巨大的调蓄洪水和保护生物多样性等特殊生态功能，是我国十大生态功能保护区之一，也是世界自然基金会划定的全球重要生态区之一，对维系区域和国家生态安全具有重要作用。

由于受暖湿东南季风的影响，鄱阳湖年降雨量平均1636毫米，从而形成"泽国芳草碧，梅黄烟雨中"的湿润季风型气候，并成为著名的鱼米之乡。这里的环境和气候条件均适合候鸟越冬，因此，在每年秋末冬初（10月），从俄罗斯西伯利亚、蒙古、日本、朝鲜以及中国东北、西北等地，飞来成千上万只候鸟，直到翌年春（4月）逐渐离去。如今，保护区内鸟类已达300多种，近百万只，其中珍禽50多种，已是世界上最大的鸟类保护区。尤其可喜的是在这里发现了当代世界上最大的白鹤群，2002年越冬种群总数达4000只以上，占全世界白鹤总数的95%以上。因此，鄱阳湖被称为"白鹤世界"，"珍禽王国"。

鄱阳湖流域自古以来是我国经济较为发达的富裕地区，我国历史上很多杰出人物如徐稚、陶渊明、林士弘、刘恕、洪适、江万里、朱耷等曾在湖区生活。这里又发生过许多威武雄壮的英雄事迹，如周瑜操练水师、朱元璋与陈友谅鄱阳湖水战、李烈钧在湖口发起"二次革命"等。鄱阳湖是古代从北方进入江西的唯一水道，发生在鄱阳湖上的文人轶事和民间传说则更是难以胜数。唐代诗人王勃在

《滕王阁序》中的名句："渔舟唱晚，响彭蠡之滨"，描述的正是鄱阳湖上的渔民捕鱼归来的欢乐情景。宋代诗人苏轼在《李思训画长江绝岛图》诗中时写的"山苍苍，水茫茫，大姑小姑江中央"，描写的是鄱阳湖的胜景。

鄱阳湖上名山秀屿，比比皆是。湖口县的石钟山、大孤山，都昌县的南山和老爷庙，星子县的落星墩，风光如画，景色宜人。九江市旅游局已将鄱阳湖上的各景点通过游船连成一线即鄱阳湖水上旅游线。

20世纪50年代以来，鄱阳湖取代了洞庭湖而为中国最大淡水湖。为中国淡水渔业主要基地之一。鱼类达90余种，以鲤、鳙、鲫、鳊、鳜、鲶、鲭等较多，以鲥、银鱼著名。近年又进行了滨湖围湖放。沿湖盛产菱、芡、莲、藕、芦苇等。野禽有凫、雁、天鹅、鸹、鸥、鹭等；此外又引进了水貂、海狸、麝香鼠、牛蛙、毛蟹及珍珠贝等。在永修、新建、星子一带湖面，常有丹顶鹤、天鹅等珍禽越冬栖息。为保护候鸟，1983年成立鄱阳湖自然保护区，1988年划为国家级自然保护区。

（12）庐山

庐山，有着悠久的历史和丰厚的文化。相传西周时，匡俗七兄弟上山结草庐修仙，故称庐山。其位于中国江西省北部，鄱阳湖之滨，共有99峰，主峰大汉阳峰海拔1474米，险峻与秀丽刚柔相济，素以"雄、奇、险、秀"闻名于世。

庐山地处中国亚热带东部季风区域，面江临湖，山高谷深，具有鲜明的山地气候特征，年平均降水1917毫米，年平均雾日191天，年平均相对湿度78%，每年7月至9月的平均温度为16.9℃，夏季极端最高温度32℃，夏季凉爽宜人。

近代以来，庐山又成为政治风云人物的度假之地，山上现存有多座张学良、蒋介石、毛泽东、周恩来等人住过的别墅，这使得它更成为一座人们向往的名山。

庐山，为宗教和教育史上的一座名山，它集佛教、道教、基督教、天主教、伊斯兰教于一山。东晋高僧慧远建造的东林寺，是佛教净土宗的发源地。"万叠千盘皆古刹"、"庐山到处是浮屠"，成为众多信女善男仰慕之地。白鹿洞书院为我国古代四大书院之一，在中国教育史上享有盛誉。

庐山生物资源丰富，森林覆盖率达 76.6%。高等植物近 3000 种，昆虫 2000 余种，鸟类 170 余种，兽类 37 种。山麓鄱阳湖候鸟保护区，是"鹤的王国"，有世界最大的白鹤群，被誉为中国的"第二座万里长城"。良好的气候和优美的自然环境，使庐山成为世界著名的避暑胜地。

庐山雄奇秀拔，云雾缭绕，山中多飞泉瀑布和奇洞怪石，名胜古迹遍布，夏天气候凉爽宜人，是我国著名的旅游风景区和避暑疗养胜地，于 1996 年被列入"世界自然与文化遗产名录"。古人云"匡庐奇秀甲天下"，自司马迁将庐山载入《史记》后，历代诗人墨客相继慕名而来，陶渊明、谢灵运、李白、白居易、苏轼、王安石、陆游、徐志摩、郭沫若等 1500 余位诗人相继登山，留下了许多珍贵的名篇佳作。"不识庐山真面目，只缘身在此山中"。宋代诗人苏轼的名句已成为认识庐山的一句开场白。

庐山是一座地垒式断块山，外险内秀。具有河流、湖泊、坡地、山峰等多种地貌。主峰——大汉阳峰，海拔 1474 米；庐山自古命名的山峰便有 171 座。群峰间散布冈岭 26 座，壑谷 20 条，岩洞 16 个，怪石 22 处。水流在河谷发育裂点，形成许多急流与瀑布，瀑布 22 处，溪涧 18 条，湖潭 14 处。著名的三叠泉瀑布，落差达 155 米。千余栋具有二十多个国家的建筑风格、造型别致的山间别墅，掩映在 3400 余种林木花卉点缀的云山锦谷之中。牯岭芦林湖碧波粼粼，如琴湖水光潋滟。新建的石门涧悬索桥，犹如架起的一道彩虹，毛泽东诗碑园是一座艺术的殿堂，瞻仰伟人的圣地。

庐山景区还包括星子，九江，湖口，彭泽，云山等地，共有著名景点 30 多处。景观类型大致可分为飞瀑石泉，奇峰峻岭，云雾植物、人文古迹、地质溶洞、江湖名湖六大类，其中又以泉瀑，云雾、奇峰、古迹为最，数量多、分布广、规模大、气势雄、造型美。

（七）宜春市

1. 概述

宜春市位于江西省西北部。北毗九江市，东接南昌、抚州市，南连新余、吉安市，西邻萍乡市和湖南省。辖 1 区 3 市 6 县：袁州区、樟树市、丰城市、高安市，靖安县、奉新县、上高县、宜丰县、铜鼓县、万载县。全市面积 18670 平方公里，人口 560.4 万人。

人口密度最高的是丰城市，为每平方公里 431 人，人口密度最低的是铜鼓县，为每平方公里 88 人。市内居住 26 个民族，为汉、回、蒙、藏、苗、彝、壮、布依、满、侗、瑶、白、土家、哈尼、傣、畲、黎、高山、水、纳西、景颇、土、幺佬、布朗、仡佬、京族；其中汉族人口占 99.95%。

宜春市地形由北向南，由西向东倾斜。全境以丘陵、山地为主，平原面积占总面积的 25.49%，丘陵面积占 39.05%，山地面积 35.48%。靖安县九老岭海拔 1794.3 米。宜春市属中亚热带季风气候区，四季分明，春秋季短而夏冬季长，冬季冷而夏季热，春季湿而秋季干，热量丰富，降水充沛，日照充足，霜期短，气候资源丰富，有利于农作物和林木生长。但由于季风进退迟早和强弱程度不同、地形起伏、垂直高度相差悬殊、气候因子时空分布不均等，使气候呈多样性，天气变化大，并导致旱涝、酷暑、低温、风雹等气象灾害时有发生。

宜春文化积淀厚重。历来为"江南佳丽之地，文物昌盛之邦"。唐代大文豪王勃《滕王阁序》中的"物华天宝"、"人杰地灵"，其人、其事、其物均出自宜春。韩愈在宜春担任刺史时，曾写下"莫以宜春远，江山多胜游"的诗句赞美宜春。宜春自古以来人文荟萃，英才辈出。历史名人有汉代高士徐孺子、晋代文学家陶渊明，唐代诗人刘睿虚、郑谷，宋代史学家刘恕，元代学者杜本、诗人揭奚斯、范德机，明代史学家陈邦瞻、科学家宋应星、抗倭名将邓子龙，清代名臣辛从益、杨锡绂以及清官况钟。现代名人有革命家熊雄、民主斗士杨杏佛、戏剧家熊佛西、物理学家吴有训，以及张勋、夏征农等。

宜春宗教文化源远流长，是中国佛教"禅林清规"的发祥地。诸多禅宗祖庭集中于宜春这方神奇的土地，无数法门龙象开堂说法于宜春的群山峻岭之间，如袁州区仰山栖隐禅寺、靖安宝峰禅寺、奉新百丈禅寺、宜丰洞山普利禅寺、黄檗禅寺等等，可谓云蒸霞蔚，异彩纷呈。禅宗五家中，临济宗萌芽于宜丰黄檗，曹洞宗扬穗于宜丰洞山，沩仰宗结果于袁州仰山。马祖道一、百丈怀海、黄檗希运、仰山慧寂、洞山良价等高僧大德荟萃宜春，使得宜春的禅宗文化丰富多彩。诸多口语、成语和词句，多次历史上的重大政治事件，都因禅的因缘形成或联系于宜春。当前近至日韩，远至欧美，绝大多数禅法都可以直接或间接溯源到宜春。全国政协常委、中国佛教协会会长一诚大师现仍是宜春靖安宝峰寺方丈。

宜春生态环境优越。是全国第一批生态试点城市之一，境内7条主要河流全部达到饮用水标准，10个县市区的大气质量都达到国家标准。有历史文化遗址486处，名山名胜54处，驰名景点有国家重点保护的唐代六大名窑之一"洪州窑"和商代吴城遗址，以及东汉葛玄采药炼丹之处、江南三大道教名山之一的阁皂山。宜春还拥有4个国家级森林公园、3个省级森林公园、2个省级自然保护区和5个省级风景名胜区。三爪仑国家森林公园被誉为"人间仙境"；明月山风景名胜区"不是黄山、胜似黄山"，生长着世界上仅存的珍稀树种华木莲；宜春中心城郊温汤镇温泉，富含硒等多种矿物质，常年水温在72℃以上，是疗养度假的胜地。

宜春市地灵物丰，资源丰富。全市森林覆盖率达52.3%，活立木蓄积量3500万立方米，毛竹蓄积量3.5亿株，是江西省重点林区之一。全市已探明可开发的水力资源38万千瓦，尚有25万千瓦待开发。初步探明的矿种有56种，其中金属类27种，非金属类29种，铁矿藏量近2亿吨；有色金属主要有钨、金、铜、铝、锌和被誉为江西省"五朵金花"之一的钽铌等；原煤储量超10亿吨，列全省第一；岩盐蕴藏量百亿吨，居全省之冠；硅灰石品位之高，储量之丰居全国首位；大理石、花岗石、瓷土分布甚广，质地优良，具有很高的开采价值。

宜春古称"农业上郡"，目前是全国重要的商品粮、油茶、优质苎麻生产基地，以占全省11%的耕地、12%的人口，生产了全省1/6左右的粮、棉、油、猪和水产，在江西省的地位举足轻重。宜春市工业经济长足发展，形成了医药、食品、建材、机电、能源五大支柱及化工、采矿等产业组成的工业体系。宜春市交通便利，境内京九铁路纵贯南北，浙赣复线横卧东西；形成以320、105国道和赣粤、沪瑞高速公路为主骨架的公路网络；袁河、锦河直入赣江，水路航程千余公里。宜春市中心城区基础设施建设日益完善，正按照72平方公里、50万人口的中等城市发展规划，拉开建设赣西经济中心城市的框架。

宜春市教育、文化等社会事业蒸蒸日上。"两基"教育率先达标，正在向高标准、高质量"普九"迈进；高中阶段教育规模不断扩大，教育质量全省领先；高等教育早已步入"大众化"行列。宜春职业技术学院2003年经省政府批准已正式招生，宜春学院是江西省第二所综合性本科大学。宜春体育中心是国家羽毛球训练基地，宜春水上运动场被确定为全国水上运动训练基地。文化事业争奇斗艳，高安采茶戏、上高农民摄影、袁州版画、靖安农民诗词、宜丰根雕、铜鼓漫画、奉新农民画、万载傩舞和丰城书法，共同构成了宜春地域文化特色。

2. 历史沿革

汉高祖五年（前202），刘邦遣大将陈婴平定江南。汉高祖六年（前201），令天下郡邑皆筑城。于是两座新城出现于今宜春市境在。一为宜春，一为建成。

宜春之名源于城西美泉，以其"夏冷冬暖，莹媚如春，饮之宜人"而得名。建成之名，以其"创建城邑"故名（成、城二字古代通用）。初设时的宜春县管辖今袁河流域城区，包括今袁州区、新余市、萍乡市一部和樟树市一部。

晋大康元年（280），晋武帝司马炎灭吴，以宜春之名与宣穆皇太后张春华（司马炎祖母，司马懿之妻）同名，为避讳，改宜春为宜阳（宜春市区的宜阳大道、宜阳大桥就是这样得名而来的）。

隋开皇十八年（598）复名宜春。初设时的建成县管辖今锦江流域地区，包括今高安市、上高县、宜丰县、万载县及樟树市一部。唐武德五年（622），因建成县名与太子李建成同名，为避讳，改名高安。高安以其"地形似高而安"而名。

西汉元光六年（前129），汉武帝封长沙定王刘发之子刘成为宜春侯，元朔二年（前127），又封刘成兄弟刘拾为建成侯。刘成于宜春城中筑宜春台，刘拾亦在建成城东南二里筑金沙台，均为一方名胜。今金沙台已废，宜春台尚存。元鼎二年（前115），刘拾免，建成侯国除。元鼎五年（前112），刘成免，宜春侯国除。

今宜春市境域，汉代属豫章郡（治所在今南昌）。三国孙吴宝鼎二年（267），设立安成郡（治所在今安福）、袁河流域地区归安成管辖。隋王朝统一天下，废安成郡。开皇十八年（598）设袁州，治所设于宜春县。

宋开宝八年（975），万载县由筠州划入。淳化三年（992），划新喻入临江军。靖州设于唐武德五年（622），治所在今高安。南唐保大十年（952）复置筠州。宋宝庆元年（1225），理宗赵昀登基，因州名与皇帝之名同音，为避讳，须改名，此时恰好州衙后山碧落堂长出灵芝一株，视为祥瑞之兆，故而改名"瑞州"。

南唐升元二年（938）割高安、新淦两县之地田置清江县于萧滩镇（今临江镇）。宋淳化三年（992），于清江县置临江军（元改临江路，明改临江府）。明清时，奉新县、靖安县、丰城县、铜鼓县（其时为义宁州属地）为南昌府管辖。今宜春市境域分属袁州、瑞州、临江、南昌四府。

3. 特色特产

宜春三席及一品锅：宴请亲朋好友离不开酒席，宜春城乡居民常用的酒席有"大虾席"、"海参席"、"燕窝席"；此外，为答谢地位显赫的亲友，也会做"一品锅"送上门，能享受如此待遇的大凡都是官高权重者。

一般百姓办酒席，多为"大虾席"和"海参席"，尤其是婚嫁酒席用得最多。旧时的婚嫁喜事，不像如今只有一餐正席，而是前后要吃3天。婚礼的头天上午，男女双方家的客人都已各自到齐，这天的晚餐便是"大虾席"。"大虾席"开席以大虾领头，故取其名，依次端上的是鸡、粉丝、肉丸、余水蛋、红烧肉、蛏蚶、肚丝、红烧鱼。次日新娘出嫁的中餐和新郎家新娘进门后的晚餐为"海参席"。"海参席"以海参领头开席，依次上桌的是鸡、肚片、肉丸、余水蛋或蒸蛋、扣肉、八宝饭、大肠丝、鱿鱼和红烧肉，其间3道点心随菜添入。点心多为酥饺、酥饼、猪油糕等。

"大虾席"和"海参席"虽不豪华，但对普通百姓和生活水平低下的民众来说，要办成一桌完整的酒席比登天还难，于是便有了用小河虾代替大虾，用肉皮代替海参等，更有甚者，上世纪60年代初，正值三年困难时期，红烧白萝卜居然代替起红烧肉来。

而对于富裕大户人家来说，喜庆之时用"大虾席"和"海参席"还嫌寒碜，必备"燕窝席"款待客人。"燕窝席"在宜春算是最为丰盛、豪华的酒宴，席面为 8 大 8 小、4 个热盘、12 个冷盘，多的 16 个，3 至 4 道点心。客人进门后，主人必然会端上一碗热气腾腾的鸡丝面让客人品尝，或献上一碗杏仁茶（杏仁、百合粉泡浓茶），这便是进门点心。不等客人上席，餐桌上便摆满了 12 或 16 个冷盘，荤多素少，如猪舌、猪腰、猪心、金银猪肝、火腿、香肠、京陵鸡、鸡肫、薰鱼、卤肉，素菜一般用上品罐头，或自家腌制的佳品。客人上席后，4 个热荤盘随即端上：即鸡丝、椒盐鸡肝、炒猪腰及大肠；尔后便是 3 冬：即冬笋、冬茹、冬菜和蜜饯火腿；紧接着 8 大碗鱼贯而入：即燕窝、全鸡、鱼翅、甜菜、肉丸、扣肉、肚丝、全鱼；最后登桌的是 8 小碗，多以鸡、鱼、肉为主，炒法不同，口味各异。其间还有 4 道点心随菜添用。

易老四腊肉（米粉肉）：易老四包装腊货系列产品及老表米粉肉，是铜鼓民间客家特产。采用科学方法，引进先进设备，结合一百多年悠久历史传统工艺，精制而成。它具有卫生、无激素、无公害之优点。土香土味，口味独特。

"大观楼"牌腐竹：大观楼腐竹为高安的传统产品。以优质黄豆为原料，采用传统工艺与现代先进技术结合加工而成。其蛋白质含量 50% 以上，并含有丰富的不饱和脂肪酸、钙、磷、铁、硫胺素、核黄素、多种营养成分和微量元素。该产品是纯天然食品，久煮不糊，鲜嫩可口，营养丰富。

罗湾圣茶：深山幽谷独特的气候，清净的空气，充沛的雨和阳光，自然形成，不受污染又称绿色饮品。

田螺辣酱：田螺辣酱，由野生田螺肉辅民间酱料秘制而成，香辣味美，风味独特，具清热明目、开胃健脾、利尿等功能。

三阳夏布：三阳素有"中华夏布之乡"的美誉，所产夏布历史悠久，质地以"柔软润滑、平静如水、轻如罗绡"而闻名海内外。三阳夏布采用世界一流质量的"赣苎"系列苎麻为原料，通过本地独有的传统工艺手工织就而成，为名副其实的"绿色天然环保"土特产品。

包圆：包圆是客家人饮食文化的代表。是赣西北铜鼓客家人有着悠久历史的一道美味佳肴，是客家人款待亲朋好友的第一道菜，吃包圆象征着合家幸福团圆。

铜鼓黑山羊：铜鼓县地处赣西北山区，草山草坡资源丰富，群众素有养羊习惯，是国家草山草坡综合开发、飞播牧草和江西省的百万山羊项目实施县，县内建有沩山牧场和铜鼓黑山羊种羊场，全县年山羊饲养量达10多万头。

冻米糖：冻米糖又称"江南小切"，已有400多年的历史，享有盛名，冻米糖是以优质糯米、食用植物油、白砂糖、麦芽糖、黑芝麻等纯天然植物原料制成，具有洁白如雪、清香爽口、入口消融等特点。

鹅峰凉薯：凉薯，又称为扯皮薯。在城郊鹅峰乡种植面积最广，鹅峰乡因其土质好，选择黄泥沙土栽种凉薯，加上施用农家肥，生产出的凉薯个大、光滑、水分多，鲜嫩可口，一般在三月栽种，夏末秋初上市，生吃清爽解渴。熟吃可炒可煮，也可凉拌，凉薯不仅可作蔬菜，还可加工提取饮料和淀粉等。

袁州松花皮蛋：有着悠久历史的宜春传统土特名产袁州松花皮蛋，晶莹透明，蛋白呈紫红或茶清色，并显松花花纹；蛋黄凝而不固，横切面上由内而外依次可见同心轮状的天蓝、淡黄、深蓝、灰黑、茶青五色。建国后，经探索研制成功"无铅松花皮蛋"，备受海内外顾客青睐，先后荣国家商业部、江西省优质产品奖。

龙牙百合：百合，为万载县特产，约有500年的种植历史，是万载历史悠久而负盛誉的名优产品。龙牙百合，既是万载白水的特产，亦是江西名贵特产，它既有丰富的营养价值，又有较高的药用价值。万载白水龙牙百合粉，明朝、清朝是成载进献朝廷的贡品。

瑞酒：瑞酒是江西名酒之一，瑞酒选用优质高粱、小麦、大米为主要原料，取优质泉水精心酿制而成。酒液澄清、透明，无悬浮、沉淀物，香气幽雅、入口绵柔、醇甜，香味协调，回味爽净，风格典型。

四特酒：四特酒是传统名酒，已有 3000 余年历史。四特酒系采用优质大米和天然矿泉水，经传统工艺和现代科技手段精酿而成，具有幽雅舒适，诸香协调，柔绵醇和，悠长回甜的特点。在我国白酒香型分类上独树一帜，属"特香型"。

七宝山酒：产品有 20 多个花色品种，"七宝山"牌老窖酒、珍品老窖酒、黄金酒、老窖王等。具有清澈透明、窖香浓郁绵甜甘洌。

4. 民俗节庆

樟树酒俗：樟树人也喜爱酒。樟树人把请人吃饭叫到家里"坐下子"。通常，没有酒是不请人吃饭的，而吃饭更多的是讲酒、闹酒。酒的品类，城市农村没什么限制，大都是自酿的谷烧"土八路"或老酒等。现如今，生活改变了，城里乡下均讲究喝点上档次的酒，这便是本市产的国优名酒——四特酒。

上席后，便有人提出选个"桌长"，这个桌长有施令全桌喝酒的职权。选桌长的要求一要做得了主人的主，算得半个主人；二要德高望重的条件。在农村有时无须选桌长，好客的主人早已安排一个善喝的人"打锡"，也叫桌长，负责为桌上斟酒和陪酒。樟树的规矩：开桌第一杯酒大家都得喝，席间主人敬的酒和最后的收杯酒也得喝。除此之外便叫"自由酒"。这自由酒不是喝的自由，而是按照桌长开桌前的安排有选择喝酒对象的自由。

最常见办法是"打箍"。即由桌长或首席的人开始轮流"发言"，全桌每个人都有一次向大家敬酒的机会，要求都得喝，对酒量实在浅的人，只要众人都认可就算自然淘汰。喝完这个轮次的酒，便真正成了自由酒。关系不错的想加深感情，彼此干上一两个回合；初次见面的，希望加深印象，互敬一两杯或先干为敬好事逢双等等。

茶要浅，酒要满，说的是倒酒的规矩。樟树人讲究倒酒要堆起来，出杯沿而不溢。只有这样，才显示对客人的诚恳。主人敬酒时，自己的酒杯是千万浅不得的。否则，难免有省酒之嫌。酒倒得太满，一时无法端起，桌长便会提醒先"鞠躬"后端杯。有自作聪明的人，想借举杯之机泼酒，被人看见是要点酒罚三杯的。

　　此外，樟树人喝酒有文喝和武喝两种。文喝讲究个慢字，斯斯文文，不急不闹，悄声细语，慢条斯理的品滋咂味，这种情形一般是不成桌的小场合。武喝则脱衣捋袖，开怀畅饮，大都出现在闹酒之中，把樟树人的豪放、洒脱、热情表现得淋漓尽致。敢武喝的人，通常都是好酒量并有副好身板，樟树人常说"喝酒量身架"讲的就是这层意思。当然也有不怕醉的后生，倚仗有些酒量和好身体亦敢于和酒林好手斗勇，时常可见精神十足上场，醉眼惺忪下场。在樟树的农村有些地方仍有划拳行令的习惯，流行的酒令是："魁首，哥俩好，四喜，六顺，七巧等"，不会划拳的可以玩猜火柴棍等游戏，一时间，酒桌气氛更加热烈，酒官司打得不亦乐乎。

　　酒喝醉了不叫醉，而叫"吃潮了"；酒喝吐了不叫吐，而是叫"下了猪崽"，主人劝酒客人便打哈哈戏谑主人，自己不吃酒是省酒待客，弄得酒量小的主人也得硬着头皮灌上几杯。

　　在樟树农村，做新姑爷的酒最难喝，丈母娘家的酒林高手寻寻觅觅非要把姑爷弄得潮成一摊泥不可，免得日后说大话。说笑归说笑，客人喝好喝够，做主人的最风光，酒色喜色一齐堆在脸上。诚然，现时樟树人喝酒更讲究"度"以不喝醉为好。这就是赣中明珠"药都酒乡"樟树的酒俗。

　　慈化打麻糍：慈化人就作兴麻糍。这种习俗一直流传到今。慈化人打麻糍，平时是一家一户悄无声息地打，打的数量也少，只打几升米甜甜嘴。可是到了每年除夕，就家家动手，热热闹闹地打起来。"年三十打麻糍"成为不成文的乡规，似乎不打麻糍不像过年，乡里人家里有专打麻糍的石舂和粗大的麻糍棒槌。

打麻糍颇要几分力气。打时，把蒸熟的糯米，倒进石春，3 个人各握紧一根棒槌交替猛捣，捣烂糯米后，再用力打一阵，使它烂无米烂，即可做麻糍了。

除夕打麻糍，是专为新春正月待客"煮碗"用的。慈化人正月里待客"煮碗"一律用麻糍。所以就有讲究，每个麻糍必须是圆的。麻糍打好后，家主毫不厌烦的一个一个做。做时用左手食指与中指捏紧烂熟的糯米泥，用力挤成鸡蛋般大小的圆球，然后再一个一个地用手压扁，五个或六个层成一叠，有行距地排在桌面上，再压上平整的大锅盖，锅盖上加上适量的重物，压一晚后便定型为大小、厚薄相差无几的圆麻糍了。乡民们过年过春最讲吉祥，因此麻糍要做成圆的，取一家团圆之义。

打春锣：宜春城乡一带至今还流行着打春锣的习俗。相传，乾隆皇帝下江南，为体察民情，私下带了几个侍从，打扮成生意人，来到了湖南长沙。快到年三十了，却见满街冷冷清清，大小店家关门闭户，百姓不知到哪里去了，一片凄凉景象。乾隆皇帝又饥又渴，走遍通街，也没有买到饭。转了半天，寻进一条小巷，只见一个小茶馆半开着门，看样子也好久没做生意。乾隆跻身进去，见屋内只有一位老倌人，便向老人买饭吃。老倌子见是外乡生意人，便把自己吃的红薯丝饭端给乾隆。乾隆一边吃，一边问了些长沙的情况。

乾隆皇帝亲眼看到老倌人家里很清贫，临走时，便在身上撕下一条长红带，题了几个字。并告诉老人，正月初二日披着红带，到各衙门里去讨些钱粮。初二那天，茶馆老人真的身披过膝长红带，到各衙门乞讨去了。衙门里见老倌子身上披的红带，有当今皇上的题字，便拿出钱粮送给老人。这一下，老倌人家里便发了财。初四日，老倌子家里来了一位亲戚，见老人突然发了财，便问原由。老倌人也不相瞒，高高兴兴地把原由一五一十地讲给他听。亲戚听了，借了红带，也去衙门里讨，果然也讨了许多钱粮。于是，左邻右舍都来借红带，还有的仿造红带。衙门里见来的人多了，而且有真有

二　主要城市风情

红色圣地江西

假，于是便开始躲避。而行乞的人，为了让衙门里面的人听到乞讨之声，便配上小锣，唱曲子，这便是打春锣了。

后来，一传十，十传百，没过几年就传到了宜春。不过，现在宜春人打春锣，很少披红带，而是手拿送春图，每到一户递上一张，以便换来钱财。

"口吃粽子撑竹排"端午佳节记铜鼓客家习俗：农历五月初五，是中国民间的传统节日——端午节，过端午节，是中国人两千多年来的传统习惯，由于地域广大，民族众多，加上许多故事传说，有着不尽相同的内容。

江西省铜鼓县位于江西西北部属宜春地区，明末清初有大量的粤东闽西客家人移民到此，造成了铜鼓原驻民与客家人混居的局面。现今的铜鼓县依然保留这他古朴的客家民风。江西铜鼓人称端午节也叫五月节、端阳节。那么铜鼓过端午节的习俗是如何的呢，客家民俗专家朱可山介绍说："家家户户门前要插上祈艾（艾草）、菖蒲、要吃粽子、染红的咸蛋、撑竹排或划龙舟。端午节那天'午时'（11：00－12：00）要在房屋周围洒雄黄水，用甘草煮黄豆吃，吃了可清火败毒。小孩胸前挂一串苍术，头上要抹雄黄水，客家人讲卫生，除了平时洗澡外，这天晚上要用祈艾、菖蒲、枫树的果实即枫球煮开放凉后用来洗澡。当然亲朋好友互送吃食物共同聚餐也是不可少的事。"

地处赣西北的铜鼓县城是三江交汇的地方，发源于大围山的定江河、金沙河和黄溪均流经这里，因此端午节的时候，当地客家人喜欢撑竹排。撑竹排类似于划龙舟，不过它的制作较简单，砍七八根毛竹用篾片扎在一起。当然也有做得精致的：用于做竹排的毛竹要用刀将竹青刮去，在排水量基本相同的情况下，竹排重量减轻了。加上前面的竹尾翘起，向前划去自然阻力更小。要使竹尾弯曲，有一个办法就是放在火上烤。烤软后，慢慢弯曲，再用沾满冷水的毛巾按一会，烤一会，弯一会，按一会。竹尾就会弯到排主满意的程度。做好竹排后，铜鼓的排工开始行排，一路上能判断出何处有暗礁何处有险滩，从而把握潮头。

过端午节，和江西大部分地区一样铜鼓客家人喜欢吃加了碱水的糯米粽子，这是基于三个方面的原因：第一个是颜色好看，糯米碱化后金灿灿的，非常好看；第二个是好吃，粽子没那么腻人；第三是保存时间长，便于外出路上食用。而碱水是客家人自制的，客家民俗专家朱可山介绍说："碱水的做法有两种：一种是铜鼓客家人叫做早禾秆烧的灰放入开水中煮制成碱水。另一种非常有特色，就是我们铜鼓用一种叫做黄荆的枝条折断后在锅里煮水后制成碱水。五月的时候气候开始变得炎热，容易产生中暑等各种各样的疾病，吃了加入了用黄荆制成的碱的粽子，可以防止这类疾病。"

如今，端午节的粽子铜鼓人还在吃，但撑竹排的并不多见了。为再现当年铜鼓客家人端午节口吃粽子撑竹排的优美画面，铜鼓县人民政府采取了一系举措，铜鼓县人民广播电台记者王海泉介绍说："县政府已经在县城河的两岸，用花岗岩砌起了河堤，足有6米高。另外，还正在三江口下游不远处筑一个橡皮坝，水多时可使坝缩小变矮，达到放水的目的，水少时储水。三江口作为在东面的弯点，和另两条河——金沙河和定江河形成一个巨大的U字，届时，铜鼓客家人就可以绕着'U'字，一边吃粽子一边撑竹排了。"

5. 美食餐饮

传统筵宴宜春筵宴渗有湘菜风味，有宜春三点水酒席、大暇酒席，上高蹄花酒席，高安"朱公酒席"，樟树围碟席和碗席，丰城的墨海席和水席，奉新四碗四盘席，宜丰的"八碗两点"、"五头酒"席，铜鼓的牲席和十碗八碟席，万载的"三仙席"和"四碗走席"。

特色名菜袁州双烤、生炒麻辣仔鸡、如意冬笋；丰城糁子肉、粉蒸肉、滑川、粉皮烧甲鱼；樟树油炸豆腐；高安烧肉皮条、糟蒸油炸鱼；上高蹄花、牛肉炒米粉；靖安和菜；宜丰薯粉豆团；万载三仙、肘子、八宝油卷等。

风味小吃袁州糖巴、炒扎粉、包面；樟树猴子包面、米团；高安煎、炒米粉；上高糖红辣椒；奉新米粉、米糖；靖安棚棚凉粉；铜鼓包圆、干子、箬子米果；丰城的纠叽、糖米果；宜丰烧卖等。

6. 旅游景点

（1）宜春台

宜春台位于江西省宜春市区中山中路春台公园内，海拔 130.4米。江西省风景名胜区点之一，宜春市文物保护单位，为"宜春八景"之一。

宜春台是宜春八景中的一颗璀璨的明珠，相传是西汉长沙定王刘发之子刘成的故居。汉武帝元光六年（前 129 年），宜春侯刘成于城中及周围立五台，其中最胜者为宜春台，植桃李万株，供人登览。

新中国的诞生，给悠悠古台焕发了新的生机。以台为中心辟宜春公园，台上楼阁三层，庑殿式、重檐、四阿顶，琉璃瓦覆盖，一楼铺以大理石地面，四周走廊砌有护栏，二三楼走廊全为木柱，雕刻花栏，门窗皆镂空雕花。拂晓登台，但见红日东升、万檐染金，装点宜城，故题曰"春台晓日"。尚存一块刻有"宜春"两个大字的石碑，传为清慈禧太后所书。

如今台上台下，楼殿堂院，亭轩榭阁，错落有致，画栋雕梁，古雅清静，殊壮观瞻，以宜春台为坐标，罗织在林阴道畔的花径，花圃，花台，花团锦簇，万紫千红，四时争艳，香飘不衰，参天古木，珍稀名木，终年青翠欲滴，根盘里巷之的异兽，游艺场各具现代化的娱乐活动，以及别有洞天音乐茶座，各色各样的陈列展览等等，更是招徕天下游客的最佳之所。

（2）状元洲

状元洲坐落于市区东侧，秀江中流，面积约 6 公顷，形似巨舰。唐文人卢肇曾在此竖石为铭，苦读诗书，后中状元，故名状元洲。明代邑人列聪购得此洲，建"卢洲书屋"供子弟读书，后郡人建有"三元阁"、"文标阁"，然清道光年间悉毁于洪水，1985年，被辟为水上公园，陆续筑有假山、水池、凉亭、牌楼等，修建了游泳池及娱乐游艺设施，并构建仿古建筑"卢肇读书堂"。

（3）明月山风景区

明月山风景区，位于宜春市袁州区的西南方，距宜春城区25公里。因其主峰山势呈半圆，恰似半圆明月而得名。

规划面积为136平方公里，共分为六大景区，即仰山景区、温汤景区、潭下景区、唐家山景区、太平山景区、玉京山景区。下面主要介绍仰山景区和温汤景区。

仰山距宜春城区约40里，因其山势"高耸万仞，仰不可攀"而得名。入夏，云气冒其巅，雨立至。山水奇胜，石径萦回，飞瀑湍奔，白雪皑皑。这里气候独特，孟春、仲春也有下雪现象，常积雪数十天不化。一进入冬天，仰山微阴即雪，每当雪霁云开，海拔1034米的集云山峰一带，皓雪晶莹，经久不化，形成高山瑰丽的雪景，令人赏心悦目。这一江南胜景称作"仰山积雪"。

仰山，古代视为"州之镇山"。汉代民间便崇祀仰山之神。元代时，仰山神庙几乎分布半天下。韩愈曾求其降雨。山下有太平兴国寺，是禅宗沩仰宗发祥地。"梯田"一词，最早见于范成大游览仰山的日记中。北宋时仰山因产一茎七穗之"嘉禾"而轰动朝廷。仰山"稠平"茶为历史名茶。

温汤景区温位于宜春市城区西南方18公里处的温汤镇，全镇辖地171.6平方公里，有12个行政村，1个居委会，总人口2.1万。境内拥有国家级森林公园——明月山和国内十分罕见的地下富硒温泉两大资源优势。

温汤镇已有800多年的利用历史。温泉水日流量达3600多吨，年均温68~72℃。源流一年四季不绝，无明显的季节差异，温汤温泉不含硫黄气，水质无色，无味，口感纯正，富含硒，偏硅酸等，对人体有益的微量矿元素，可与法国著名的埃克斯矿泉相媲美。

（4）袁山公园

袁山公园位于城区北部，北接昌黎路，西临高士北路，东靠明月路，南近文体路，占地面积 1270 亩，其中有山地面积 500 亩，水体面积 200 亩。

袁山，古名五里山，在城北 2 公里春台乡柏木头村后面。唐朝时，诗人有"袁山大小双螺并，秀水东西一带横"之句描叙宜春山川形胜。袁山有大小两座，山的西面 0.5 公里处有一小山相对峙，名小袁山（又名望家尖），大袁山海拔 208 米，相传古代隐士袁京隐居于此，卒葬其侧。袁山以袁京而得名，袁州以袁山而得名。流经宜春的秀江古名南水，后也更名为袁河。

公园建设定位，一是体现自然生态特色；二是展示宜春历史文化；三是满足不同层次人们的需要。袁山公园是宜春第一个大型的综合性公园，公园内设有观光休闲区、老人活动区、青少年游乐区、动物展示区、历史文化再现区、花木欣赏区。

（5）酌江溶洞群风景区

酌江溶洞群风景区位于宜春市区北部三阳镇酌江水库边的左侧半山腰上，距城 21 公里，海拔 220m，酌江水来自山洪和湖底泉水。由十多个幽深曲折、各具特色的石灰岩溶洞组成，全长两千余米，现已开发可供游览的地段近一公里。

酌江溶洞由洞外园林、酌江洞和白龙洞三大景点组成。洞内石笋冲天，钟乳接地，奇石耸立，怪石嶙峋，幽深曲折、景观奇异。五颜六色的石钟乳、石笋、石柱密布在曲折离奇的洞穴中，组成飞禽、走兽、人物、花草、果木等诸般形状。洞内石笋，以洞内石笋，以"熊猫坐殿"、"石龟探海"、"倩女寻夫"、"水帘洞府"、"埋头鸵鸟"、"石树擎天"、"龙宫海花"、"雪压青松"、"石幔銮殿"、"琼浆洞"、"千佛山"、"石瀑飞流"、"木鱼石"等最为奇观。

现还开发了酌江度假村，水上乐园，生态旅游和宗教旅游等新项目，游览了洞中美景后，泛舟湖上，人在水中漂，船在山上行，别有一番情趣。

（6）吴城遗址

吴城遗址是江南首次发现的大规模人类居住的商代遗址，位于樟树市山前乡吴城村，萧江上游丘陵坡地，是1973年秋兴建吴城水库时发现的。

遗址经过六次科学发掘，共揭露面积2000余平方米，文化堆积厚2～3米不等，划为七层，分三期文化。共清理房基2座，窑址12座，灰坑55个，基葬16座。出土较完整的石器、陶器、青铜器、玉器、牙雕等900余件，特别是陶文、原始瓷、铸铜工具的出土，是江西考古新的重大发现。出土文物所反映的文化内涵，既受中原文化的强烈影响，又具有鲜明的地方特色。该遗址的发现具有重大历史意义和科学价值，否定了"商文化不过长江"的论断。

吴城遗址先后在1984、1987年分别列为市、省重点文物保护单位，1996年被列为全国重点文物保护单位。吴城商代遗址已成为北京大学、厦门大学、中山大学等大学考古专业的实习基地，江西省博物馆已在吴城建立考古站，是江西第一个农村考古站。

（7）洞山

洞山位于江西省宜丰县北部，是中国佛教曹洞宗祖庭，天下举宗，曹洞宗弟子遍及世界，早在公元840年就有日本瓦室能光、朝鲜利严等和尚在洞山长住，使曹洞佛法徒入日本及朝鲜。现在，曹洞弟子在日本就有千万之众，良价大师（公元835年）创立的曹洞佛法，传扬世界，良价于咸通十年（公元869年）唐懿宗敕以"悟本禅师"法号，圆寂后敕建"慧觉宝塔"建于洞山后山。

景区原始森林内，古木参天、藤蔓环绕、飞瀑鸣泉、鸟翔兽走、景致美不胜收。景点20余处，有普利寺、价祖塔、苏辙诗石刻、木鱼石、七仙桥、千年罗汉松、石上楠、逢渠桥及夜宿山、红木塌、牛头山、经坑等多处佛塔林，雄伟的山门上有已故佛教协会原会长

赵朴初老先生亲题"洞山禅林"四个金字，洞山山清水美，代代出佳人，画壁娘娘沐洞山溪泉，如芙蓉出水，深得皇帝宠幸，因此，洞山溪泉被誉为美容之神水。

（8）吴有训纪念馆

吴有训纪念馆坐落在高安城西320国道旁的瑞州公园内，是为纪念闻名中外的科学家、教育家、康普顿效应的突出贡献者、中国近代物理学奠基人之一的吴有训先生（1897～1977 江西高安人，物理学家）而建。

纪念馆占地50余亩，总建筑面积5000平方米，馆貌系绿色琉璃瓦仿古建筑风格，古朴典雅，雄伟壮观，四周松柏环绕，翠竹簇拥，湖水相映，环境幽雅。

馆内由大厅、正厅和东西两厅组成。大厅为上下两层，正厅为吴有训生平事迹展厅，并在厅内另辟三间木质房，作为吴有训生前故居陈列，东厅为名人题词展厅，西厅为高安百名名人展厅，内设原子弹模型小展厅，各厅之间有环形长廊相通。

（9）三爪仑国家森林公园

风光旖旎、气候宜人的三爪仑国家森林公园，位于江西省靖安县境内的九岭山脉东麓，东临南昌，北靠九江，距京九铁路仅50公里，是旅游避暑的佳境胜地。

三爪仑是国家示范森林公园之一，方圆18.2万亩。园内奇峰林立，怪石密布，清泉飞瀑，曲溪流泉，云雾霞光，瑰丽动人。云蒸雾绕的倒天涯巍峨高峻，瀑声如雷的白水洞吐珠溅玉。洪屏狮子口如雄狮俯卧，峰环如屏。骆家坪原始森林里众多的动物种群贵树种令人目不暇接。小湾水上乐园绿水荡漾，四时如画；直河漂流，大梓河泛舟更使人体味到"碧水丹山"的韵味。

三爪仑自然风景不仅以山水取胜，而且有许多历史悠久的文化古迹。唐代佛教禅宗马祖道一的圆寂地宝峰古寺和马祖塔亭，明代清官况钟的墓地，唐代诗人刘慎虚和清代女词人舒白香的寓所以及清代古戏台，苏维埃政府旧址等上百处古遗址、古建筑、革命文物、人文景观使人如入历史大观园，流连忘返。

（八）景德镇市

1. 概述

景德镇位于江西东北部，毗邻安徽，是享誉世界的"瓷都"，与佛山、汉口、朱仙镇并称四大名镇，是国务院首批公布的历史文化名城。辖 2 区 1 市 1 县：昌江区、珠山区，乐平市，浮梁县。全市土地面积 5248 平方公里，总人口为 149.92 万人。

景德镇地处黄山余脉怀玉山脉与鄱阳湖平原过渡地带，是典型的江南红壤丘陵区。地势由东北向西南倾斜，东北和西北部多山，群峰林立，岗峦重叠，最高峰海拔达 1618 米，东南、西南部多丘陵和平原，海拔多在 200 米以下，地势较为舒缓。境内河川交错，北部昌江、南部乐安河纵贯全境，属长江流域鄱阳湖水系。四季分明，属亚热带季风性湿润气候。全年日照充足，雨量丰沛，无霜期长，适宜各种植物和农作物的生长。

自然资源丰富，矿藏资源中在全省名列前茅的有瓷土、沙金、煤、锰、石灰石、大理石、海泡石等。其中储量之丰、品质之优，首推瓷土，虽经千余年开采，就目前已探明的储量仍可开采 300 余年；锰的储量也较为丰富，是全国已探明的四大锰矿之一；金、大理石、石灰石等也具有较高的工业开采价值。山林资源有杉树、马尾松、毛竹、油茶、油桐、漆树等，并盛产山苍子、猕猴桃、橡子、金银花等野生植物和药材。

景德镇已有 1700 多年的制瓷历史，北宋真宗景德年间（公元 1004～1007 年），由于烧制的精美御瓷获真宗赞赏，瓷器上底款书"景德年制"，于是"天下咸称景德镇"。景德镇由此得名。经过长期的发展，景德镇瓷器逐渐形成了"白如玉、薄如纸、声如磬、明如镜"的独特风格。到明代时，景德镇更是"集天下名窑之大成，汇各地良工之精华"，发展成为全国制瓷业中心。所产瓷器"行于九域，施及外洋"，海上"陶瓷之路"成为东西方文化交流的重要途径，与陆上"丝绸之路"交映生辉。瓷业兴、百业兴，陶瓷在景德镇市国民经济中占有重要地位，拥有原料、生产、销售、科研、教育的综合配套优势，是我国重点生产基地之一。年产日用瓷近4亿件，产品品种共有20个大类，200多个系列，2000多种器型，形成了以日用陶瓷为主，建筑卫生陶瓷、工业陶瓷、电子陶瓷及特种陶瓷并举的大陶瓷格局。

新中国成立后，特别是党的十一届三中全会以来，景德镇进入了有史以来发展速度最快的时期。不仅保持了陶瓷的传统特色，而且机械、电子、建材、食品、医药、化工等新兴工业迅速发展，成为新的支柱产业；昌河牌系列微型车、华意牌无氟压缩机和冰箱、德宇牌景德板鸡、得雨活茶、红叶牌高档日用瓷、江东牌青霉素、江维牌聚乙烯醇、景华牌电子陶瓷元器件、景德牌四开单色胶印机、景光牌金属陶瓷发射管、天乐牌铝解电容器、电化牌AC发泡剂、万平牌薄膜介质可变电容器等多种产品在市场上具有相当竞争力。其中"昌河"汽车年生产能力已达15万辆，"华意"电器已形成家用冰箱年产60万台、无氟压缩机年产200万台的生产能力。

景德镇是江西省商品粮、林业、茶叶和蚕桑基地。盛产稻谷、大豆、小麦、花生、棉花、油菜籽、芝麻、茶叶、香菇等。所辖浮梁县茶叶生产历史悠久，早在唐代就已是全国重要的茶叶生产、集散地，大诗人白居易就曾有"商人重利轻离别，前月浮梁买茶去"的诗句。该县是"中国红茶之乡"，所产"浮红"茶在国际上久负盛名，1915年曾获巴拿马万国博览会金奖。优质绿茶"浮瑶仙芝"、"瑶里崖玉"、"得雨活茶"等更是畅销市场。特色农业迅猛发展，传统农业正向现代农业发展，景德板鸡产销两旺，乐平蔬菜生产规模不断扩大，均已形成产业规模，在国内市场上已占据一席之地。

景德镇近年来充分发挥陶瓷文化悠久、旅游景点较多的优势，旅游业发展较快，1997 年被国家旅游局评为"全国 35 个王牌景点"之一。社会文化事业繁荣兴旺。科技事业不断发展，初步形成了学科门类比较齐全的科技人才体系，特别是陶瓷科研实力雄厚，有国家轻工业总局陶瓷研究所、江西省陶瓷研究所、景德镇市陶瓷研究所三级研究机构。教育事业稳步前进。景德镇陶瓷学院是我国唯一的一所培养陶瓷高级专业人才的高等学府。1998 年末，全市有各级各类学校 723 所，其中高等学校 3 所。文化广播电视事业发展迅速，陶瓷考古、文博事业蜚声国内外。医疗技术、医疗设施以及农村初级卫生保健条件得到进一步改善，体育竞技水平明显提高，群众性体育活动普遍展开。

2. 历史沿革

景德镇，东晋设镇，始称"昌南"，后易名"新平"、"浮梁"。北宋景德年间，由于烧制的精美御瓷获真宗赞赏，瓷器上底款书"景德年制"，于是"天下咸称景德镇"。景德镇由此得名。

景德镇市域春秋时属楚东境，秦为九江郡番县辖地，汉属豫章郡鄱阳县。东晋时称新平镇。唐武德四年（621 年）置新平县。八年撤县，开元四年（716 年）复置，县治设在新昌江口，故称新昌县。开宝元年（742 年）改名浮梁。宋真宗景德元年（1004 年）因镇产青白瓷质地优良，遂以皇帝年号为名置景德镇，并沿用至今。元代，浮梁县一度升为州，镇属州。明代州又改称为县，此后景德镇在行政上一直属县辖区。

清乾隆之后，由于各种社会原因，景瓷生产从巅峰走向下坡路，产量、器质、品种、造型等都呈明显萎缩状态。特别是鸦片战争之后，战事频繁，政局动荡，外贸入侵，市场缩小，景瓷生产也受到严重摧残。延续 500 多年之久的御器厂也寿终正寝。"中华民国"时

二 主要城市风情

期的 1916 年，浮梁县治从旧城（今浮梁县）迁至景德镇。1927～1929 年景德镇曾一度称市。1930～1934 年中国共产党曾在景德镇建立苏维埃政权和组织。1935 年，中国国民党政府江西省第五行政区督察专员公署从鄱阳县迁至景德镇，景德镇成为赣东北的政治、经济、文化、军事的中心。第二次中日战争（中华人民共和国称为抗日战争）爆发后，国民党和共产党重新合作，于 1938 年在景德镇设有中国共产党的新四军办事处，北部山区的瑶里设有留守处。

1949 年 4 月 29 日，景德镇和浮梁县的政权由中华人民共和国接管。景德镇与县划开建市。1953 年 6 月，经中华人民共和国国务院批准，景德镇市为江西省辖市。1960 年，浮梁县建制撤销，其行政区域划入市境。1983 年，中华人民共和国国务院批准将乐平县划属市辖，并将波阳县属的鱼山、荷塘两个行政区域划归景德镇市辖。1985 年，市辖乐平县和珠山、昌江、鹅湖、蛟潭四个区。1988 年，经国务院批准，恢复浮梁县建制，撤销鹅湖、蛟潭两区。1992 年 9 月，乐平县撤县建市（县级市）。2005 年，景德镇市辖乐平市、浮梁县和珠山、昌江两区。

3. 特色特产

景德镇市以丰厚的陶瓷文化底蕴、丰富的历史人文景观和优美的生态环境为依托，全力打造特色精品，扬优成势做足瓷文章，使旅游这一新兴产业成为该市的支柱产业。

近几年来，景德镇市委、市政府审时度势，充分发掘千年瓷都陶瓷文化的独特旅游资源，把旅游业作为国民经济的新兴支柱产业来培育和发展，千方百计将旅游资源形成旅游资产和旅游资本，全力营造瓷都旅游的国际品牌形象。他们通过对全市旅游资源的保护和拓展工作，修复了一批有影响的古作坊、古窑房、古民居和窑砖里弄，尤其是反映景德镇陶瓷发展进程及地方特色的载体纳入旅游资源范围。与此同时，该市建设、提升了享誉世界地质公园之称的

"高岭"旅游风景区、锦乡昌南、陶瓷研修院等一批规模大、品位高、特色突出、配套完善的旅游景区景点，吸引了更多的海内外游客。

景德镇市还注重按照建设成区域旅游中心城市的定位，全力做好资源整合文章。他们以市场为导向，打破地域和行业界限，精心构筑以市区为中轴，乐平、浮梁为南北两翼的旅游发展格局；以陶瓷文化为主线，加速特色景区建设步伐，着力提升瓷都旅游品牌，重点打造以御窑遗址博物馆为龙头的陶瓷文化核心区、锦绣昌南、中国瓷园、龙珠阁广场、世界名人雕塑公园、三宝国际陶艺村、瑶里度假村、浮梁县衙古城区、柴窑作坊巷区等十大旅游景观；推出古今陶瓷艺术欣赏游、陶瓷古迹寻踪游、传统工艺制瓷游、现代陶瓷生产线游、陶艺研修体验游、陶瓷文化交流游、陶瓷习俗游等极具瓷都特色的精品旅游线路。

景德镇市还注重发展与旅游配套的多样式瓷文化活动，如当今独一无二的"瓷乐"、"青花舞"、"祭窑神"、"烧太平窑"等具有浓郁瓷都特色的陶瓷民俗活动，深受海内外旅游观光者的青睐。

景德镇因"瓷都"之名而誉满天下，1700多年的制瓷史不但使景德镇成为古代"四大名镇"之一，而且现在也成为景德镇最靓丽的名片。景德镇瓷器的种类繁多，现已多达2000余种，有生活用瓷和工艺美术瓷等，景德镇产的瓷器具有"白如玉、明如镜、薄如纸、声如磬"的特点，而青花、青花玲珑、粉彩和高温颜色釉则被誉为景德镇的四大名瓷，还有薄胎瓷、雕塑瓷等，都是游客在景德镇旅游购物中的首选产品。

景德镇自然地理位置比较特殊，其物产资源也非常丰富，而且大部分都极具本地特色，为其他地方所没有，例如鹅湖产的大米和乐安河产的虎山鳊鱼以及产于景德镇市浮梁县高山地区的优质茶叶等都是天然绿色无公害食品，酒类有1988年曾被列为国宴酒的绍洪酒和"乐平烧酒"都是景德镇市出名的产品。

另外，景德镇市还有景德板鸡、乐平桃酥等副食品也是旅游购物，馈赠亲朋友的上佳选择，其中的乐平桃酥曾被食品专家誉为"中国桃酥王"。

4. 民俗节庆

景德镇是一座历史悠久的江南名城，由于陶瓷业的不断的发展，聚居了全国各地的人，他们的语言由本土的成分慢慢地演变，逐渐就形成了景市人独特的地方语言。

来到景德镇，听到的第一句话就是"嗯来住莫得?"在景德镇待上一段日子之后，"莫得"就会充彻于耳。邀你去玩就说："怯戏的波?"您要购买"买什么"。营业员会热情地问您："买莫得?"。买"鸡蛋"叫买"嘎嘎子"，买"茄子"叫买"落索"。到朋友家里去作客，听到小孩将"奶奶"叫"妈妈"，"舅舅"叫"姆姆"，将"弟弟"叫"老老"，"男孩"叫"仔俚子"，"女孩"叫"女崽俚"。对可以随意的朋友常称"瞌困"、"省头"、"老马"。夏天火红的"太阳"晒得人们汗流挟背时，景德镇话说："个昵头真要晒死宁"。遇上"雷阵雨"叫"打风暴"。坐船叫"错舷"。"乡下人"常叫城里人为"镇巴佬"。

景德镇地方语言大体上分为三种：城区通用的景德镇话；农村通用两种，即浮梁话和乐平。

景德镇的方言很多，味很浓，也很丰富，它体现了千百年来景德镇的风土人情以及独特的民俗风情。当您将离开景德镇的时候，好客中的景德镇人会热情地挽留和欢迎您下次再来景德镇"戏得"。

景德镇国际陶瓷节：一般在10月举办，活动时间为10月1~31日。景德镇国际陶瓷节是中国瓷都景德镇创办于1990年，每年举办一届，旨在以陶瓷文化为主，带动景德镇陶瓷文化的发展，同时推动整个地区的经济发展，现已举办了十多届，在国际陶瓷界影响较大。

景德镇是世界瓷都，千百年来其精美的瓷器流传海外，享誉世界。景德镇不仅有历代遗存的古窑、古窑址和 2400 多个作坊，还有独特的瓷俗文化，烧太平窑、祭窑神等。节庆活动期间将举办国际陶瓷精品大汇展、唐五代至清代景德镇瓷器展、景德镇现代陶瓷名家作品展、中外陶瓷技艺现场表演、国际陶瓷学术交流、经贸洽谈等活动，还组织游客参加陶瓷制作，一展自己的技艺。2004 年是景德镇得名千年，届时将举办景德镇国际陶瓷博览会，此后每两年举办一届。

5. 美食餐饮

景德镇位于江西省东北部，北接安徽，因此在这里既可以吃到赣菜，也可以尝到著名的徽菜。景德镇又因地处"六山两湖"（黄山、庐山、三清山、龙虎山、九华山、武夷山，千岛湖、鄱阳湖）之间，物产资源丰富，因此景德镇的菜点也是赣菜的主要组成部分之一。

景德镇大多数本地人的饮食习惯一般喜辣，正餐中的许多菜式基本都放入辣椒调味。但是景德镇最出名应该算是这里的风味小吃了，除了当年乾隆吃过的清汤泡糕已经不多见以外，景德镇还有著名的"四大小吃"，即油炸馄饨、饺子粑、凉拌冷粉、碱水粑。

另外，在景德镇还有一道特色的美味佳肴，那就是"鲶鱼煮豆冲"，味道鲜美异常。著名菜肴：鲶鱼煮豆冲、景德板鸡、乐平狗肉：乐平狗肉是用蒸、煮相结合的方法烹制作冷盘食用的风味食品。因系用文火不加盐煮熟，具有肉味鲜嫩，软硬适宜，鲜美爽口，营养丰富等特点。食用时调味作料讲究，独具一格。

6. 旅游景点

（1）湖田古窑遗址

湖田古窑湖遗址在景德镇郊湖田村，面积约 40 万平方米，窑业兴于五代，经宋、元至明中叶结束。五代遗物堆积在村东，宋、元遗物在村南，元明遗物以琵琶山为中心，窑具与碎片堆积以刘家坞、琵琶山最丰富，中心处厚达 10 米，保存较好。

田窑是我国宋、元两代各大制瓷规模最大，延续烧造时间最长、生产的瓷器最精美的古代窑场。遗址保存的遗物非常丰富，历代古窑遍地，700 年的制瓷历史给湖田留下了大量的古窑、古作坊遗迹，如"葫芦窑"、"马蹄窑"等，在该遗址上建立起来的湖田古窑址陈列馆，展示了在这里出土各种窑具和瓷器。这些古迹使湖田成为我国重要文物保护单位，同时，不断出土的古迹也成了国内外陶瓷考古爱好者的乐园。1982 年，湖田古瓷窑遗址被国务院列为第二批全国重点文物保护单位。

（2）白虎湾古瓷窑遗址

白虎湾是江西省景德镇市浮梁县的一个村，位于景德镇城东的景（德镇）婺（源）公路上，白虎湾古瓷窑遗址坐落在白虎湾村的后面，距湘湖镇有 1 公里，为中国五代至宋代初期的陶瓷生产基地，现今遗址为当时陶瓷产品残骸的堆积区。在村南的公路边就是以南宋陶瓷残骸堆积物为主的遗址，共有 3 处，堆积总面积共约 1 万平方米。白虎湾古窑址规模宏大，保存完好，受到国内外陶瓷专家的重视。

（3）古市街古瓷窑遗址

这是五代至元初的古瓷窑遗址，在柳家湾以西 1 公里的南市街，遗物分四片堆积，第一片在村后 600 米处的狮子山黄土岭西北斜面，第二片在南市小学以东至水库间，第三片在第二片以南 200 米处的山涧，第四片在南市街村底，总面积数万平方米。遗物上溯五代下至元初，产品器形精巧，釉水晶莹，多有精美的刻画花或印花影青瓷雕，生动、别致，装烧形式有支钉迭烧，匣钵仰烧和支圈夏烧等多种。

（4）黄泥头古瓷窑遗址

景德镇五代至北宋时期最有代表性的古窑址，在市东黄泥头小学后山，该址遗物丰富集中，保存完好，堆积范围约5000平方米，分东西两堆，高十数米。西堆以五代遗物为主，产品有灰胎青釉器和白胎白釉器两种，碗盏以钉垫合选烧，壶为瓜棱式。东堆以北宋遗物为主，主要为影青瓷，取一器一匣的仰烧法。

（5）陶瓷历史博览区

陶瓷历史博览区位于景德镇市郊的枫树山盘龙岗，1980年开始建设，是把散落于景德镇市区的部分古窑址、古作坊、古建筑等搬迁至盘龙岗，进行集中保护，从而形成一座园林式博览区，于1984年10月1日正式对外开放。

陶瓷历史博览区占地面积83万平方米，博览区中有陶瓷历史博物馆、古窑群等景观，景区内绿树成荫，环境幽雅，水木相映成趣，人文文化与自然风光完美结合，相得益彰。

博览区中的陶瓷历史博物馆主要由明、清两组建筑群构成，这些建筑都是原来散落在景德镇各地的古瓷作坊、古窑房和古建筑，后经政府规划，全部搬迁至博览区内进行集中保护，有效地解决了文物保护和现代城市建设两者相互冲突的问题。

博物馆中的两组明清建筑分别名为"明间"和"清园"，明间中的"汪柏宅"是曾任广东布政使汪柏的住宅，是一座典范的明代徽派民宅建筑，而"苦菜公宅"则是我一座明代三层民宅建筑；清园中"玉华堂"和"大夫第"为代表，玉华堂是清代的祠堂，而大夫第则是清代进士的宅第。

在博物馆中还有陶瓷陈列展，展览的内容十分丰富，既有历代陶瓷，又有陶瓷史料展览，还有许多珍贵的书画藏品，其中不乏精品和绝世之作。

在博览区的古窑区内，游客不仅能看到传统的瓷器制作过程及瓷工进行的手工制瓷技艺表演，甚至可以捋起双袖，进行炼泥、拉

坯、印坯、镟坯、修模、雕塑、上色、满釉、荡窑、烧炉、开窑等操作，来一次亲身体验。

（6）景德镇样集弄民宅

景德镇样集弄民宅位于景德镇市区中心，是一条保存较完整的明代巷道，内有明代住宅多处，其中 3 号、11 号两幢民居建于明成化年间（1465～1487 年）。

住宅的平面布局分上堂与下堂，四正两厢加后房，中有天井，门皆设于侧面。正堂明间作单层处理，堂房显得高大轩昂，梁坊之间的隔断尚存"编竹造"的遗址，构件的装饰均安装在重点部位。柱础地脚饰以精美的石雕，艺术造型均匀合理，装饰纹样丰富多彩，满宅堂皇秀丽，住宅梁柱用材大，均采用优质樟木等材料制作。

（7）红塔景区

矗立在景德镇浮梁县旧城的红塔，始称西塔，是古代浮梁县的标志性建筑，有浮梁"古代城徽"的美誉。

塔是我国古代"佛塔"的简称，俗称"宝塔"，最早用来保存佛教创始人释迦牟尼的"舍利"，即身骨，后来也就用来保存高僧的遗体或身骨，所以，塔也是佛教形象化的实物。佛塔这种建筑形式起源于印度，东汉明帝永平七年（公元 67 年）佛教传入我国，佛塔也随之传入中国。所以，塔和寺庙一般是联系在一起的，而且是先有寺庙后有塔。

红塔前面过去也有一座寺庙，叫西寺，建于一千多年前的唐代太和六年（公元 832 年）。宋代建隆二年（公元 961 年）浮梁县民黎文表提倡在西寺后面建造一座佛塔，此后，经过前后 79 年，到宋代康定元年（公元 1040 年），一座九层高的塔拔地而起，矗立至今。红塔已有近千年的历史。1970 年有关单位对红塔进行实地测量时，发现塔顶有一个复盆，铜质锅状，铸有文字，记载了红塔建造完成的时间。1984 年景德镇市人民政府对红塔进行重修，历时两年，全面修复对外开放。

红塔的佛名为"大圣宝塔",因为坐落在浮梁古县城的西面,所以又叫西塔。它是中国古代七十二名塔之一,也是江西省境内现存最早的、保存最完整的一座大型古塔,所以也被人们称为"江西第一塔"。1959年红塔被列为首批江西省重点文物保护单位。

现在的红塔共七层,平面为正六边形,底层边长为5.2米,各层逐渐向内收进,至顶层边长的3.7米。塔高从室外地坪到复盆顶为37.8米。塔的每一层都用青砖搭檐和平台,平台外侧不设护栏。整个塔身形象简洁壮观。塔身用大型青砖实砌,底层壁厚达3米。既然红塔是用青砖砌成,为什么会是红色的呢?因为砌结塔身时用的封砖灰浆是用石灰、糯米浆、红土壤和砂四种成分混合而成的,经过几百年的风雨侵蚀,里面的灰浆中的红壤不断外溢,逐渐把整个塔身染成红色,所以一座青砖塔终于变成了"红塔"。

红塔采用穿壁绕座式结构,这种结构非常特别。要登临塔顶,必须从塔内底层先上一层,然后穿出塔门外,沿着塔外平台绕半圈(平台宽度不足50厘米),再从另一个门进入塔内上台阶登上一层,然后再出来绕半圈。这样往复,才能登上塔顶。由于登塔方式非常特别,塔外的平台又很窄,而且没有栏杆,登塔具有一定的危险性,所以在1984年重修红塔时,将底层向上登塔的通道封堵起来,以避免游客登塔时发生意外。

在浮梁还有许多关于红塔的传说。相传元朝末年,朱元璋(也就是后来明朝的开国皇帝)与陈友谅为争夺天下大战鄱阳湖,开始时朱元璋落败,沿昌江退到浮梁县城,躲到红塔顶上,陈友谅带追兵进县城搜查,但没有上到塔顶搜查,结果没有搜到朱元璋,于是就撤兵走了。没搜塔的原因一是塔是佛教圣地,一般兵家不进入;二是朱元璋当时进入塔时是伏地爬进去的,塔门上的蜘蛛网没有被弄破,追兵认为没有人进塔。朱元璋从塔顶下来后,当地百姓送灰水粑(碱水粑)给他作干粮,从此浮梁县的碱水粑成了地方有名的特色食品。朱元璋后来当了皇帝,告诉他的子孙,说浮梁有座塔曾救了他一命，那座塔已破烂不堪需要维修，由于他慌张逃命，没有看清塔名，只记得是红色的塔。后来他的第九代孙子，万历皇帝朱翊均登基第三年（1575年），就从国库拨专款重修红塔。按常规，国家是不出钱修建寺塔的，寺塔都是靠僧人化缘或信徒香客们捐助而修建的，这次属于特例。

红塔虽然历经千年风雨，至今仍巍然耸立在昌江河畔，充分显示了它设计的科学性，反映出当时工匠的建筑水平和审美情趣，是当时社会经济、文化和科学技术的集中体现。红塔忠实地记录了浮梁的诸多历史概貌与变迁，是浮梁历史的见证，是古代浮梁的标志性建筑，如今也是浮梁县具有代表性的人文景观和游览胜地之一。

（九）萍乡市

1. 概述

萍乡位于江西省西部，毗邻长株潭、对接长珠闽，是江西对外开放的西大门。萍乡因楚昭王在此地得"萍实"而得名。辖2区3县：安源区、湘东区，上栗县、芦溪县、莲花县。全市面积3827平方公里，人口178万。人口构成以汉族为主，有回族、维吾尔族等18个少数民族。气候温和，四季分明，雨量充沛，光照充足，属亚热带季风气候。气象条件较好。

萍乡有着著称于世的历史文化和千姿百态的自然景观。1906年孙中山领导的同盟会在萍乡、浏阳、醴陵举行了声势浩大的萍浏醴起义，萍乡万人响应。1920年11月，毛泽东同志来萍考察；1922年又先后派李立三、刘少奇等同志来安源开展工人运动，于当年9月领导了震撼全国的安源路矿工人大罢工。1927年萍乡工农参加了秋收起义并创建了井冈山革命根据地之一的莲花县工农政府。现有总平巷、安源路矿工人俱乐部、安源路矿工人消费合作社以及秋收起义军事会议会址、红一方面军前委机关所在地等大批革命旧址。

自然景观有义龙洞、武功山、杨岐山等。天然溶洞——义龙洞位于萍乡城北 17 公里处，全长 4 公里。洞内景致令人目不暇接，主要有"四人厅"、"龙牙穴"、"擎天柱"、"千丘田"、"仙女池"、"雨打芭蕉"、"峡谷"、"鸳鸯池"、"童子拜观音"、"千丈瀑布"等，尤其是"洞天飞瀑"、"银河飞泻"等景为国内溶洞罕见之奇观。武功山位于罗霄山脉北段，绵亘起伏 120 公里，主要景观有"龙王潭"、"尽心桥"、"仙池"、"风火洞"、"泡盐"、"吊马栓"、"冠岩"、"千丈崖"、"万松岩"、"潭口瀑"、"三叠泉"、"乌龙潭"、"迎宾松"等，不少珍稀动植物在这里繁衍，有"天然动物园"和"天然植物园"之称。

中华人民共和国成立以来特别是改革开放 20 年来，萍乡的经济建设和各项社会事业都有高速发展，成效显著。萍乡市是中国近代工业起始最早的城市之一，江西省重要工业城市。萍乡形成了以煤炭、机械、冶金、化工、建材、陶瓷等较为完备的工业体系，钢材、电瓷、工业瓷、烟花鞭炮等产品畅销国内外市场。

改革开放以来，萍乡经济以前所未有的速度向前发展。加大农业科研力度，建立和健全农技推广服务网和农业社会化服务体系，探索出"以少胜多，高效有特色"的发展之路，使农业摆脱资源约束，得到持续健康稳定发展。集体经营水平不断提高，产业化经营初具规模，农业生产稳定增长，农产品有效供给显著增加，农民收入大幅提高，生活质量显著改善，城乡一体化进程加快。萍乡为赣西工业重镇，随着工业的快速发展，第三产业也逐步发展壮大，特别是改革开放以后，萍乡市第三产业得到蓬勃发展。

萍乡交通发达，境内浙赣铁路横贯东西，公路 319 国道呈南北向、320 国道呈东西向交汇通过。沪瑞（上海至云南丽江）高速公路自东向西贯穿全境。连接上海与云南丽江的沪瑞高速公路的建成，让萍乡公路运输能力迅速提高。萍乡市内已开通 28 条公交路线，将市内各大小站点连接起来，方便人们的日常生活。

萍乡素有"读书之乡，教育之邦"的雅称，科教文卫事业有着辉煌悠久的历。新中国成立后，特别是改革开放以来，萍乡的教育、科技、文化、新闻事业呈现出日益兴盛繁荣的局面，成效显著，为千年古城的精神文明建设添光溢彩。

萍乡历史悠久，人文蔚起。吴、楚文化的相濡浸染，构成了萍乡风情独具的民风民俗和异彩纷呈的民间艺术。傩文化底蕴深厚，储藏丰富；杨岐山是中国佛教禅宗五家七宗之一的杨岐宗发祥地，宗教文化源远流长，影响涉及海内外。

2. 历史沿革

据说春秋战国时期楚昭王渡江时，江中漂来一物，又红又圆，大小如斗。他问遍了满朝文武都无人知道，于是派使者到鲁国问孔子道：此物为萍实，是吉祥物，只有称霸的人才能得到。萍实是集天地精华而成，千年难得一遇，现在楚王得到了它，是楚国将要振兴的征兆。于是，后人便把楚王得萍实的地方称之为萍乡，即"萍实之乡"。

远在5000多年前的新石器时代，就有三苗族在萍乡生产劳动和繁衍生息。西周时，萍乡属扬州，春秋属吴国，战国为楚地，汉高祖刘邦时属豫章郡宜春县地。三国吴帝孙皓于宝鼎二年（267年）设立萍乡县，县治设芦溪古岗。唐武德二年（619年），县治从芦溪古岗迁至萍乡凤凰池（今市治所）。唐贞观元年属江南西道袁州府。元贞元年（1295年）萍乡由县升格为州。明洪武二年（1369年）由州改为县。清属江西省袁州府。民国3年（1914年）属庐陵道。民国15年直隶于省。民国20年，属第八行政区。民国24年属第二行政区。

建国后属南昌专区，1959年1月，南昌专区改名为宜春专区，萍乡属之。1960年9月撤县设市，由宜春专区代管。1970年3月萍乡为省辖市。1971 年经江西省革命委员会批准设立 4 个区。

3. 特色特产

安源火腿：安源火腿属江西特产，选用肉质鲜嫩的羊肉、猪肉做原料，以农村的传统工艺，通过腌、熏、烤三个主要加工环节，结合现代科学的方法进行加工，绝不含防腐剂和色素。其色、香、味、形俱佳、且肉色红润。其色、香、味、形俱佳，且肉色红润、香味独特，是您招待贵宾、庆贺节日的上等佳肴。

一村火腿：属赣西萍乡之特产，山村所特有，以皮薄、脚细、精多、肥少、肉质鲜嫩的土猪做原料，继承农村传统工艺，通过腌、熏、焙三个环节精制而成，不含半点化学成分。素以色、香、味、形俱佳而著称。该品肉色红润，香味浓郁，是农民渊源悠久招待贵宾，庆贺佳节的上等肴品。

田园酱鸭：萍乡田园酱鸭系由优质土鸭、上等酱油、食盐、白砂糖、味精等原料，在秉承传统工艺的基础上，结合现代科学配方，经真空包装和高温保鲜处理而成产品口味独特，营养丰富，肉质紧密干爽，味美肉鲜，食后回味无穷。

麻辣鱼：萍乡麻辣鱼包括草鱼、鲢鱼、小毛鱼系列。原料均采用农户养殖的鲜鱼。通过杀菌，配料多重工序后，味道独特，口感细腻，回味悠长，香辣鲜皆有。在不失鱼原营养价值的基础上又能生津开胃，并且物美价廉，即可做菜又可作为旅游食品。

天然优质矿泉：江山，山清水秀，风光旖旎，原始森林覆盖率89%以上，周围无工业及其他污染。江山龙泉取源于莲花最高山峰——高天涯、旋风崖山脉之下的天然矿泉。富含人体有益的多种微量元素，具有"仙水"之美誉。

海潭翡翠绿茶：产于巍峨雄丽的罗霄山脉中段（萍乡市莲花县）。这时山峦起伏、海拔高、云雾多、土地肥沃、雨量充沛、林木茂盛、昼夜温差大，具备出产优质名茶的得天独厚的生态环境。海

潭翡翠绿茶是高档手工名茶，品质优良，素有"高山云雾茶"的美誉，属无公害天然有机茶，符合国际饮品潮流。其品质特征：条索紧细、白毫毕露、香气清高、滋味鲜爽，汤色滢绿似翡翠，叶底芽叶完整匀净。海潭翡翠品质堪与西湖龙井相媲美，祖籍莲花县的"末代帝师"朱益藩曾作联曰："虎跑泉龙井茶，海潭水翡翠茗"。

佛手药酒：金佛手是我国传统的特产之一，在国内外尤其在东南亚地区享有较高的声誉。它的果实形状惟妙惟肖、千姿百态、清香扑鼻可供长期观赏，它可作为高当次的礼物馈赠额人，金佛手全身是宝，用花、果浸酒泡茶、清香馥郁、舒筋活血、能祛风、消滞气，久服对中老年人有保健作用。用根叶治脾脏肿大，十指肠疾患疗效显著。

4. 民俗节庆

萍乡除中国人特有的传统节日像春节、元宵节、端午节、重阳节外，萍乡还有自己的节日如"吃新"。萍乡农村有"吃新"的习俗，据说它的来历是与农事季节密切相关。这天，农家掐早稻熟穗，取新米拌老米蒸食，配鱼肉和新鲜蔬菜，焚香敬天地神灵后合家欢食，以庆祝早稻丰收，除传统节日外，萍乡在饮食习俗、日常忌讳都有独特之处。

萍乡的民间艺术是萍乡文化不可缺少的重要组成部分，勤劳智慧的萍乡人民创造出了独具特色、多姿多彩、异彩纷呈的民间艺术。其中最古老的社会文化遗产要数萍乡的傩文化。

"傩"一词源于我国古代原始宗教的巫文化现象，最早用于"迎神赛会，驱逐疫鬼"，傩文化涉及了人类学、民族学、民俗学、文艺学等许多方面的内容。萍乡的傩虽然经过长期的发展变化，至今尚保存着较原始状态，作为实物的参照是很有意义的。傩艺的演出也从娱神逐渐转为娱人，从中，我们可以看到宗教文化与世俗文化的交融。

傩文化主要由三部分组成，它们是：傩面具、傩庙、傩舞。傩面具是傩文华的重要组成部分，它用于傩仪、傩舞、傩戏；傩庙是举行傩仪活动和供奉傩神的地点，有傩庙是萍乡傩与外地傩的一个重要区别。著名的傩庙有下埠傩庙、院前傩庙、毛园傩庙等；傩舞表演是傩艺活动的主要项目，每年有三次大的表演。

萍乡的傩分喜傩、福傩、耍傩、军傩等。萍乡的傩文化可以说已是走出国门，迈向世界，得到了许多业内人士的好评。法国民间艺术考察团对萍乡丰富的傩文化遗产表示惊讶和钦佩。1999 年，上栗县、湘东区被江西文化厅命名为"傩文化之乡"。这些都是萍乡人引以为傲的成绩。

除傩之外，带有浓厚的萍乡当地风俗的民间艺术还有春锣。提起萍乡春锣真可谓无人不知、无人不晓。春锣，是流传在萍乡一带的由"报春"演变来的一种民间曲艺形式。

春锣由一人演唱，演唱者用红绸系一面直径为 15 公分的小鼓，鼓边挂一面小锣，左手持鼓签，右手持锣槌，敲打出锣鼓节奏，然后左手用鼓签击鼓沿为板，开始演唱。春锣用萍乡方言演唱与萍乡方言结合很紧，有浓厚的地方特色。

随着春锣的不断改革，现在春锣出现了不少的新气象，如由一人演唱发展到集体演唱，由单纯的见赞发展到演唱有情节的故事，由单纯的锣鼓伴奏发展到增加二胡、琵琶、扬琴、大担琴甚至唢呐伴奏。春锣在萍乡有着坚固的群众基础，深受人民的欢迎。这为春锣的创造带来了生机，春锣前后在不同的表演中获奖，取得了可喜的成绩。不仅傩、春锣出名萍乡的其他民间艺术同样也很有名，如：灯彩、彩茶戏、田歌、莲花闹、围鼓、花锣鼓、农民画等等。

一地方文化当然少不了宗教文化，萍乡的宗教文化与全国大同小异。主要是佛教与道教。据史料记载，佛教是在西晋永嘉年间（307 ~312 年）开始传入萍乡的，至唐宋时期臻至鼎盛。其中著名的佛教与庙普通寺、宝积寺、金轮寺、圣岗寺等。道教相传三国时

红色圣地江西

二 主要城市风情

167

传入萍乡。萍乡的道教分全真、正一两派。"武功山"是道教名山。

萍乡历史悠久，文化灿烂，有着辉煌的文化遗产。在这里，是楚文化的相濡浸染，革命文化和传统文化的交融汇合，构成了萍乡鲜明的文化特征。文化，有如一条川流不息的大河，不断地创造、积累、传播、导引着、记载着生生不息的一代代人走出蒙昧，走出野蛮，走向智慧，走向文明。

5. 美食餐饮

萍乡食风深受吴楚文化特别是楚文化的影响，加上东汉末年，北方战乱，大量中原百姓南迁到萍乡，明末清初，福建、广东两省人民大量内迁到萍乡，因此形成了萍乡食风的诸多特色。

经过两千余年的繁衍生息，历代劳动人民在创造物质文明的同时，也使与"吃"有关的烹饪文化趋向昌明鼎盛，在烟熏火燎与刀勺锅瓢的交响声中，从厨者利用本地特有的物产，演绎出赣西美食的神奇和魅力。有如：大安冬黏米的清香，长平山羊肉的肥美，杨岐石鸡的滑嫩，武功冬笋的甜爽，鲜活可口的禾花鲤鱼，热腾腾辣乎乎的杨胡子米面，早春翠绿的艾米古，冬月金黄的腊肉腊味。

萍乡人嗜辣，哪怕是一桌丰盛的筵席摆在面前，如果没有两三个辣味菜，还会说吃不下饭。这种饮食习惯与萍乡地处"卑湿之地"有关。辣椒几乎可与所有的动物性原料相配伍，风味互补，相得益彰。

萍乡的"小炒菜"就是此类菜肴的代表。萍乡的辣味有鲜辣、香辣、糊辣、糟辣、豉辣、酱辣等多种风味，由此衍生出五光十色使人垂涎欲滴的辣味菜。萍乡人加工辣椒有独到之处，像铺辣椒、白辣椒、油酥干红椒、辣酱、辣味霉豆腐等，都是佐酒下饭的好小菜，到谁家做客，主妇们会殷勤地拿出来让客人品尝，炫耀自己的当家本领。

有人会说，萍乡人炒菜只晓得放辣椒，其实，萍乡菜的口味类型多种多样，辣味菜只是家常菜中的一部分而已，更多的是风味各异的美食佳肴。

萍乡的腊肉、腊味也堪称一绝，易经上就有"日希于阳而炀于火，曰腊肉"的记载。每年冬至后，农户人家杀了过年猪，就要熏制腊肉、腊味，以备正月里待客，所有的畜、禽肉及其内脏，鱼类及芋头、豆腐均可熏制，熏制前先用盐腌渍 2～10 天不等，然后悬挂在火塘 1 米多高处，燃木柴、树蔸、锯屑、谷壳熏制，冬季取暖，一举两得。熏知时宜文火慢熏，半月后取下洗去烟垢，晾晒干爽，色泽金红。如浸在茶油缸里，可经年不坏。腊肉腊味可蒸可炒，萍乡的"蒸五花腊肉"、"冬笋炒腊驴肉"等，令人大快朵颐，食后难忘。

这些体现着浓郁乡土风味的菜点，取材多用本地的山珍河鲜，土特产品，精于刀功，注重火候，讲究制汤、用芡、调味，烹调多用烩、炖、爆、炒、煎、汆、蒸等技法。成菜或质火念味鲜，或滑爽软嫩，或干香酥脆，异彩纷呈，各具特色，口味特点是咸、鲜、香、辣，少用酱色与厚芡，忌甜口，却偏爱单独的甜菜。

萍乡的特色菜肴不胜枚举，比较传统的有：三层楼（萍乡杂烩）、红白肚尖、粉皮羊肉、活煮禾花鲤鱼、栽禾米粉肉、莲花血鸭、砂钵牛肉煮仔芋、香酥小河鱼、上栗手撕狗肉、煎太极图（黄鳝）、香辣莌浆（牛腩）、扎鱼、甲鱼焖猪手、油淋仔鸡、腊肉及各种腊味。

萍乡的点心小吃也颇有特色，米制品点心种类繁多，如萍乡米面、米豆腐、推浆米古、米发糕、硬米麻片、空心麻圆、各式粽子、汤圆、艾米古、麻糍、葱油米饼、象形水点心等，这与萍乡地处江南稻米之乡有关。

时空迈入改革开放的今天，萍乡菜点也是东西贯通，南北交融，争奇斗艳，推陈出新，在继承发扬传统特色风味的基础上，与时俱进，朝着"保健、营养、文化品位、色、香、味、形、器俱佳"的

更高层次，为赣菜开辟一片新的天地。

6. 旅游景点

（1）曹源洞

曹源洞位于湘东北部，距萍乡市区 13 公里，离湘东城区中心 3 公里。因位于洞岭（古称金山）之下，又洞中溪流源自曹家山，故称为金山曹源洞。

洞内遍布钟乳石、石笋、石花、石幔，玲珑剔透，千姿百态。内分干洞和水洞两部分，干洞长约 600～700 米，最大的地方可容纳 1000 多人，高处达 40 米。入洞，约行十来米，有一长 15 米、宽 20 米、高 30 米的大厅，四周石乳丛生，上下犬牙交错，中间是一个九品莲台，一形似观音的石人端坐于上，又有一小石人拜伏于前，宛若真人。水洞蜿蜒曲折，时大时小，时高时矮，泉水自潭底涌出，从石缝中流出洞外，水中常可见鲤鱼游走。此水常年不绝，灌溉着千余亩良田。利用此泉水现已开发出一片 200 多亩的水产科技场，放养珍稀鱼种，除进行科研外，还可供人们观赏、垂钓。

在洞外，山的右侧有一幽静的山谷，沿着山路两旁，有 5 座圆形的小山丘，是当年战备油库的 5 个巨大的储油罐，当地人称"蒙古包"。现油库已搬走，留下五个直径 40 多米、高 20 多米的圆形外壳，里面冬暖夏凉，是避暑休闲的理想场所。

（2）明月湖

明月湖在离市区 25 公里的南坑坪村，一道 50 米高的大坝，将安福、莲花、萍乡交界处分水岭流出的水拦住，一座水面达 1050 亩、总库容 1820 万立方米的人工湖像一轮明月镶嵌在群山之中。明月湖又叫坪村水库，风景秀丽，气候宜人，是避暑度假休闲的圣地。如一轮明月镶嵌在万山丛中，流金溢彩，妩媚动人。

明月湖湖水明澈，湖面粼粼波光，像丝绸上的细纹一般。岸边树木繁茂，郁郁葱葱，山是青翠欲滴，水是波光倒影。湖因山色秀，山因湖水活，山环水绕，山水一色。人绕湖转，景随人移，处处是景，令人目不暇顾。著名景观有"瀑布群"、"婆婆岩"和半原始森林、映山红王国。

明月湖环湖青山屏列，秀峰峥嵘，翠岭连绵，淙淙不息的流水，自山涧注入湖中，有的浑如雷鸣，有的轻若琴韵，宛如一曲曲赏心悦目的乐章。湖的四周，林木葱茂，千岩竞秀，怪石嶙峋，瀑流泱泱、兼具林泉水石之胜。若弃岸泛舟，荡游湖中，则眼前碧波荡漾，湖光潋滟；远方青山逶迤，似舞似蹈；绕湖前行，时而会有"山重水复疑无路，柳暗花明又一村"的感觉。

明月湖风光秀丽，四时景色变幻，时时别具风姿。春来，漫山遍野的杜鹃与桃李争妍，把湖水映照得如同胭脂一般；盛夏，青山如黛，凉风习习，或泛舟荡桨，或垂钓湖畔，如置身水彩画中；秋天，碧水共蓝天一色，落霞与归鸟齐飞；隆冬雪飞时，青山羊脂砌，漫天玉龙斗，明月湖则如一只巨大的碧玉盘。

明月湖气温低，平常要比市区气温低 8~9 度，入山便息汗，是夏季避暑和休养的好场所、人称明月湖度假村是萍乡的"北戴河"。在平静的、琉璃似的湖面上，配有机帆船、快艇和小船，供游人们游览。

（3）安源矿工人运动纪念馆

安源路矿工人运动纪念馆，坐落在江西省西大门萍乡市城东 6 千米处的安源镇境内，馆内树木苍郁，花草艳丽，空气清新，环境幽静，是集参观、游览、休闲于一体的省级重点风景名胜区。

铁路浙赣线和公路 319 线、320 线贯穿其间，交通便利。前身是安源路矿工人俱乐部遗址陈列室。创办于 1956 年，1968 年兴建陈列馆，1969 年开放，1984 年 8 月改现名。

该馆占地面积 200 亩，建筑面积 3245 平方米，陈列面积 2400 平方米。系二层钢筋混凝土结构。正中间建有安源路矿工人俱乐部部徽，两边是红色瓷砖组成的五星红旗和大型有机玻璃火炬灯。大厅门口有 6 根用大理石砌成的方开型大柱, 高约 14 米。馆址择地巍峨, 建筑雄伟, 在苍松翠柏芳草花卉衬托点缀之下, 宛如公园, 是一个典型的革命文物与自然界观相结合的游览圣地。

纪念馆基本陈列系统地介绍了 1921 年至 1930 年, 中国共产党领导安源路矿工人, 开展罢工斗争、农民运动和武装斗争, 反对帝国主义, 封建主义的历史。该馆陈列内容共分 6 个部分:(一)三重压迫下的路矿工人;(二)组织起来;(三)路矿工人大罢工;(四)"二七"惨案后的坚持和发展;(五)工农联合, 支援北伐;(六)秋收起义, 武装割据。除了文字图片和实物, 还有《矿工苦》《毛泽东去安源》《大罢工》《工农联盟》《奔向井冈山》等大型雕塑。

主要介绍 1921 ~ 1930 年安源工人运动的历史, 反映这个时期中国共产党及其优秀代表毛泽东、刘少奇、李立三、陈潭秋等把马克思列宁主义与安源工人运动具体实践相结合, 建立党、团、工会组织, 领导工人罢工, 开展农民运动, 建立革命统一战线, 参加武装斗争, 走农村包围城市武装夺取政权道路的历史过程。大厅以大量的文物、图片展示了安源路矿工人壮丽的革命斗争史, 其中还有 31 个与真人大小相仿的泥塑, 刻画了路矿工人的苦难生活。

该馆现有馆藏文物 8000 余件, 一级藏品约 200 件。其中有《安源旬刊》、工人消费合作社的股票和购物证。安源工人集体创作的长达 1600 多行的长篇叙事歌谣《劳工记》(手抄本), 在中国现代文学史上占有一定地位, 是很珍贵的藏品。该馆还辖有全国重点文物保护单位安源路矿工人俱乐部旧址 (2 处) 省级重点文物保护单位 6 处: 安源煤矿进口总平巷旧址、安源路矿工人第一所补习学校旧址、安源路矿工人消费合作社旧址、刘少奇与路矿当局谈判的大楼旧址、部署湘赣边界秋收起义的安源军事会议旧址、德国式建筑公司。市级文物保护单位有: 毛泽东 1921 年秋来安源的住处、决定罢工的党支部会议旧址、安源市工农兵政府等 8 处。

安源路矿工人运动纪念馆是为征集与保护中国共产党领导萍乡

煤矿和萍乡铁路工人革命运动的文物、研究与宣传这一革命运动的历史俱乐部。1955年8月开始筹建的，初称安源路矿工人运动俱乐部。1963年12月改名为安源路矿工人运动纪念馆，1968年7月1日更名为："毛主席在安源革命活动纪念馆"。1972年9月，根据中共江西省委决定，恢复"安源路矿工人运动纪念馆"馆名。1984年8月31日，邓小平同志为该馆手书馆名。1985年12月，被江西省人民政府列为全省重点名胜区。

（4）杨岐山

杨岐山位于萍乡市上栗县境内，距城区25公里，是一个以优美的自然景观为外延，以丰厚的人文景观为内涵，构成融自然风光和宗教文化为一体的省级重点风景名胜区。

杨岐山古称翁陵山、漉山，海拔约1000米。战国初著名哲学家杨朱（又称杨子），来到此地，面临岐路，迷向哭泣，故此山名"杨岐山"。

杨岐山山势蜿蜒跌宕，林木蔚然深秀。张口岭、万仞峰、龙峰如笔架横亘，张口岭雄居中央，宛如雄狮昂首，张口滚球，万仞峰、龙峰护卫其侧。万仞峰高峰冲列，陡峭崎岖；龙峰盘旋夭矫，势若游龙。从张口岭远眺，丘陵起伏，阡陌纵横，村落如星，栗水似带，百里风光，尽收眼底；回望"万杉窝"，一片密密匝匝的杉林，遮阴蔽日，雾气氤氲。杨岐山地势扼要，古代关卡很多。位于寒婆岭的"寒婆关"、黄泥坳的"同庆关"、新坝水库之上的"案山关"，统称为"杨岐三关"，案山关两峰高耸，左右并峙，中平如案，前人曾有《案山关诗》写道："楚界连吴界，前山复后山。升平风日好，云影漾空关"。

杨岐山层峦叠翠，山势嵯峨，四时秀色，气候宜人，素有"二十四景"之称，是一个以优美的自然景观为外延，以丰厚的人文景观为内涵，构成融自然风光和宗教文化为一体的省级重点风景名胜区，其景点包括杨岐普通寺和义龙洞。

（a）杨岐山普通寺

杨岐普通寺原名广利禅寺，始建于唐开元（公元713年），宋庆历初（1041年）改为普通寺，该寺位于萍乡市上栗县杨岐山，距市区23公里。这里群山环绕，溪涧莹流，松柏苍翠，修竹婀娜。地势犹如天堂开放在大地上的青莲花，其中一瓣仿佛一尊大肚弥勒，普通寺则轩于弥勒脐下，奇姿绝妙，无与伦比。

普通寺坐西北朝东南，占地面积7600多平方米，原建筑面积2500多平方米，现存建筑面积1200多平方米，寺内现有如来佛、观音、关帝等大型塑像，还有护法韦陀、十八罗汉、二十四诸天等木雕神像，小门、院落、大雄宝殿、观音堂、住宅一应俱全。杨岐普通寺肃穆庄严，金碧辉煌，富有我国南方古刹的独有风格。真可谓是殿宇峥嵘，云烟缭绕，古塔巍巍，古柏参天。

杨岐普通寺作为佛教杨岐宗的发祥地，在国内外具有重大影响，尤其在日本影响更大。据日本爱知大学教授、日本禅宗研究所副所长铃木招雄（1987年7月）介绍，杨岐宗在日本影响很大，其信徒发展到100多万人。1987年，全国政协副主席、中国佛教协会会长赵朴初亲笔题写了"杨岐普通寺"匾额。

（b）义龙洞（孽龙洞）

孽龙洞距城15公里，是一个形成于1.8亿年前的天然溶洞。洞长4公里。蜿蜒曲折，溪水相伴，水随洞转，洞因水活，洞内厅廊相连。最大的洞厅高达30米，可容纳近千人。

相传古代鄱阳湖有条孽龙企图把江西变成泽国，到处兴风作浪残害百姓，后被许真君制服于萍乡杨岐山下的一个山洞里。孽龙洞故得其名。

石笋、石花、石幔玲珑剔透，千姿百态，形成一个蔚为壮观的天然雕塑艺术长廊。洞内主要景观有"千人厅"、"龙牙穴"、"擎天往"、"千丘田"；"仙女池"、"雨打芭蕉"、"峡谷"、"鸳鸯池"。"童子拜观音"、"瀑布"等，尤其是"洞天飞瀑"似银河泻下。倾注潭中，为国内溶洞之罕见奇观。

孽龙洞内石乳遍布，形态万千，是一座石头模型的地下艺术长廊，那里面所有的东西都是自然生成的，有的似仙女下凡，有的如仙人对弈，有的似仙鹤长鸣，有的如蛟龙探海。还有那耸立的"宝塔"，参天的"玉树"，悬挂的"瓜果"，挺拔的"神针"，飘落的"罗幔"，无一不形象逼真。就像一件件精致的工艺珍品，无不神奇绝妙，惊叹自然造化的鬼斧神工。

（5）武功山风景名胜区

武功山风景名胜区位于萍乡市芦溪县东南边境，属罗霄山脉北段，绵延120公里，总面积260余平方公里。主峰白鹤峰海拔1918.3米，为江西第一高峰。

武功山地理位置优越，外围交通发达，处于湘赣两省的黄金旅游带上，沪瑞高速、320国道、浙赣铁路复线横贯东西，319国道纵穿南北，构成了便捷的交通网络。

武功山是集人文景观和自然景观为一体的山岳型风景名胜区，是江南名山最后一座正在开发的处女山，历史上曾声名远播，文化积碇深厚，在崇尚自然，渴求反璞的今天，她又以其自然景观之神奇和原始生态环境之完好而独具魅力。

武功山资源类型与特色被专家概括为"山景雄秀、瀑布独特、草甸奇观、生态优良、天象称奇、人文荟萃"。现已规划面积160平方公里，规划景点200余处，整个风景区分为金顶观光休闲区、羊狮幕观光游览区、九龙山宗教文化区、发云界游憩娱乐区、大王庙原始生态区五个核心景区。

自然形成了"峰、洞、瀑、石、云、松、寺"齐备的山色风光，区内10万亩高山草甸绵绵于海拔1600多米的高山之巅与巍峨山势相映生辉，堪称天下无双；峰顶神秘的古祭坛群距今已有1700多年的历史，被誉为华夏一绝；气势恢宏的高山瀑布群、云海日出、穿云石笋，奇特的怪石古松、峰林地貌和保存完好的原始森林、巨型活体灵芝等景观令游人叹为观止；武功山气候温和，四季分明，雨量充沛，年平均气温14～16℃，夏季最高温度为23℃，低于同期庐山、黄山气温，是良好的避暑胜地。武功山动植物繁多，有动物200多种，植物2000多种，被中科院专家誉为天然动植物园。

武功山历史悠久，文化源远流长，远自汉晋起，被道佛两家择为修身养性之洞天福地，明朝时香火达到鼎盛时期，山南山北建进了庵、堂、寺、观达100多处，无数善男信女到此朝拜。自唐宋以来，诸多仰慕其名而登山游赏吟诗作赋的名人学士络绎不绝，留下了无数珍贵墨迹，其中最为出名的数汉之葛玄、晋之葛洪、梁之陶弘景、唐之袁皓、宋之黄庭坚、明之徐霞客、近代的陈毅元帅。据考证留下赞美武功山的千古诗赋、匾牌、文章百余篇，其中最有名是徐霞客的一首："千峰嵯峨碧玉簪，五岭堪比武功山。观日景如金在冶，游人履步彩云间。"

武功山是大自然鬼斧神工的杰作，是人类文化的瑰宝，是世界罕见的生态胜境。其旅游资源类型齐全，品位高雅，被专家概括为"山景雄秀、瀑布奇特、草甸奇观、生态优良、天象称奇、人文荟萃"。

山景雄秀：由于地质构造、岩性、气候和内外引力作用的影响，武功山满山奇峰罗列，瑰奇壮丽；遍地怪石林立，形态奇特；处处深壑幽谷，美妙绝伦；峰峰悬岩峭壁，涌泉飞瀑。除山地常态地貌类型外，武功山还有岩溶和冰川等特殊地貌类型，山中地下有各种形状奇特，大小不一的暗河和溶洞，以及发育于寒武纪、石炭纪和三叠纪等各时代的石灰岩在这里都有存在。

瀑布独特：武功山的水景是一大特色，水量充沛，长年不竭，在全国各大山岳型风景名胜区中都鲜有。整个武功山有大小瀑布近200处，造型奇特，形态各不相同，或飞流直下，气势磅礴，或逶迤潺潺，峭丽异常。武功山还有四季如春、具有良好保健作用的温泉；再加上规划之中的两个人工湖建成后，水域面积可逾60平方公里，届时可形成湖水与奇山相伴的绝美景观。

草甸奇观：武功山的高山草甸海拔之高，面积之广在世界同纬度名山中都是绝无仅有的。10万亩草甸绵绵于海拔1600多米的高山之巅，穿云入雾，春夏绿油油，秋季金灿灿，冬天白皑皑，游人无需远赴边陲，便可领略北国风光，真可谓"天上草原、人间仙境、北国风光、绿色家园"。

生态优良：武功山生态优良主要体现在它至今仍保留着广域的原始森林，丰富的动植物资源以及完整、平衡的生态系统。据初步统计，武功山有植物2000多种，动物200多种，种类较全，数量众多，其中有很多品种属于国家级的珍稀动植物，有"活化石"植物之称的银杏在这里成片生长，最大的一株高24.5米，直径3.63米；千年桂花树、铁杉群、红豆杉群以及1万余亩连片成林的台湾松等在全国可谓仅有；武功山巨型活体灵芝更是世界罕见；国家一类保护动物黄腹角雉、华南虎在这里都可追踪觅迹；短尾猴、水鹿、娃娃鱼等珍稀动物常现山中。

天象称奇：武功山气候温和，雨量充沛，空气湿度大，云多雾重，常常是山下天晴气暖，山上却云雾缭绕，气象万千。武功山云海非烟非雾，如诗如幻，气势恢宏，波澜壮阔；武功日出，照彻大千，冉冉上升之间，万顷红波，奔腾澎湃，犹如草甸在烧，天空在烧，让人感觉普照众生而入佛正道的意韵；武功日落，远去的夕阳显得凄美绝艳，让人感觉道学的厚重与飘逸，品尝出人生百年的时光如电。

人文荟萃：武功山历史悠久，文化源远流长，远自汉、晋起，被道佛两家择为修身养性之洞天福地，宋、明时香火到鼎盛时期，山南山北建有庵、堂、寺、观达30多处，至今前来朝拜的善男信女和登山游赏吟诗作赋的名人学士络绎不绝，留下了无数珍贵墨迹，明代大旅行家、地理学家徐霞客登临武功山后，留下了"千峰嵯峨碧玉簪，五岭堪比武功山"的千古绝句。据考证留下赞美武功山的千古诗赋、匾牌、文章百余篇。武功山金顶的"江南祭坛群",距今1700多年的历史,被称为"华夏一绝";九龙山九龙十八塔现存十座古塔,均系明代建筑,堪称全省唯一的古塔群,恢复之后可重现昔日风光;这里还是第二次国内革命战争时期的"百里红色根据地"。

巨型灵芝:巨型活体灵芝:位于大王庙景区。主要特色:有大小两棵依附在一棵古树上,大的直径约 1 米,高约 0.5 米,小的如草帽大小,已生长 100 多年,是世界上最大的,保存最完好的活体灵芝。

(十) 鹰潭市

1. 概述

鹰潭市位于江西省的东北部,信江中下游。辖 1 区 1 市 1 县:月湖区,贵溪市,余江县。全市总面积 3554 平方公里,总人口 109 万人(据 2002 年统计)。

鹰潭地理位置优越,史称"东连江浙,南控瓯闽,扼鄱水之咽喉,阻信州之门户"。东北部分别与上饶地区的弋阳、铅山、万年、余干接壤,西南面分别与抚州地区的资溪、金溪毗部,东南方向与福建的光泽县相连。辖区属南岭准地槽边缘的信江凹隔带,地势南北高,中间低。南边为山林峻岭与武夷山脉相连,最高点浪港山阴蔡峰海拔 1541 米;北端系怀玉山脉绵延之丘陵,属亚热带湿润季风气候,气候温和,雨量充沛,光线充足,无踏期长,四季分明。

鹰潭是江南重要的交通枢纽,浙赣、皖赣、鹰厦三条铁路干线在鹰潭纵横交汇,贯通大江南北;206、320 国道和 311 高速公路(沪昆高速)和济广高速横贯全境,迎来送往四方宾朋;江西五大水系之一的信江，向西流入鄱阳湖与长江水系贯通，维系八方情感。鹰潭已建成铁路和公路的"双枢纽"。

　　鹰潭现有工业用地存量 5000 亩。全市多年平均地表水资源量 41.22 亿立方米，年平均地下水资源量（浅层地下水）为 6.29 亿立方米，全市全年地表水源供水量为 10.47 亿立方米，地下水源供水量为 0.22 亿立方米，全市总用水量为 10.69 亿立方米，其中地下水 0.22 亿立方米。

　　全市林地面积 299.8 万亩，活立木蓄面积 675 万立方米，其中：毛竹林面积 36.6 万亩，毛竹立竹 5050 万株，全市建立了以杉木为主的速生丰产商品林基地 11 万亩、毛竹丰产林基地 15 万亩、名特优经济林基地 17.8 万亩，绿化苗木花卉基地 3 万亩，全市森林覆盖率达 55.1%。年商品材采伐限额 6 万立方米，毛竹采伐限额满足要求。

　　主要矿种有银、铝、锌、铀、稀土、石膏、瓷土、硅质原料。矿泉水、花岗岩和建筑用砂岩等，冷水银铅锌矿是目前我国最大的银铅锌矿床，罗塘石膏矿区石膏储量居全省之首，瓷石和硅质原料为我市潜在优势矿石。

　　鹰潭农业资源丰富，有耕地 82.5 万亩，其中旱地 7.8 万亩，水田 74.7 万亩。近年来，鹰潭市依托资源优势，大力发展特色农业，已形成了十大具有地方特色的优势产业：水稻、三元杂交猪、南方早熟梨、花生、笋竹、葛根、天师板栗、蔬菜、茶叶、绿化苗木、花卉。

　　鹰潭旅游资源十分丰富。位于市区南郊 16 公里处的龙虎山，是中国道教的发祥地，是中国古典名著《水浒传》开篇描绘的名山，被誉为"华夏道都"。它集国家级重点风景名胜区、国家 4A 级旅游区、国家森林公园、国家地质公园、国家重点文物保护单位、国家重点保护宫观和国家农业旅游示范点等众多品牌于一身，被世人称为"洞天福地、人间仙境"。

2. 历史沿革

鹰潭以驻地旧名鹰潭坊得名。其信江南岸龙头山，南接市区，北临信江。传说园中的龙头山上有许多大樟树，而山麓下有一个深潭，许多老鹰经常在这一带盘旋飞舞。树影婆娑，潭水清幽，"涟漪旋其中，雄鹰舞其上"，成为一道绝美风景，众口相传，鹰潭由此得名。

秦隶属九江郡余干县。唐永泰元年置贵溪县辖鹰潭，称鹰潭坊。唐以来属贵溪县地。明万历年间曾设神前司。清乾隆三十年（1765年）置鹰潭巡检司，同治三年（1864年）设鹰潭镇（一说为同治四年），属贵溪县。

1949年5月7日在鹰潭镇成立贵溪督察专员公署，9月15日建制撤销。1957年1月升为县级鹰潭镇。1958年复为贵溪县辖镇。1960年7月再次升为上饶专区直辖县级镇。1979年3月改镇为县级鹰潭市，属上饶地区。1983年7月27日经国务院批准改为省辖市，原县级鹰潭市境置月湖区，上饶地区贵溪、余江2县来属。1996年贵溪撤县设市。

2003年底，总人口106.8万人，其中非农业人口30.2万人。2004年底，总人口107.6万人，其中非农业人口31.3万人。截至2005年12月31日，鹰潭市辖1个市辖区、1个县，代管1个县级市，9个街道、20个镇、12个乡、1个民族乡。

3. 特色特产

"铁拐李"牌灯芯糕：鹰潭市贵溪龙兴铺生产的"铁拐李"牌灯芯糕，具有300多年的历史，属江西四大名特糕点之一，以优质晚米、白糖为主要原料，配以东南亚肉桂以及丁香、当归、白芷、甘草等配以40多种名贵药材，经精工艺配制而成，是明清两代贡品。曾被乾隆皇帝誉为"京省驰名，独此一家"。

天师板栗：鹰潭天师板栗是龙虎山最有名气的特产之一。相传是祖天师张道陵在龙虎山炼丹时，因为不爱荤腥，便栽了许多板栗树，以栗代饭。在他的影响下，历代天师群起仿之，在泸溪河两岸，栽满板栗树。天师板栗个大香甜，淀粉丰富，为理想的果品和滋补品。

"塔桥梨"：具有悠久的栽培历史，其外形美观、品质优良，口感香脆甜、营养丰富，上市较早等特点。早在1959年，"塔桥梨"曾奉命送往"庐山会议"的中央领导品尝，得到了高度的评价。

"徐椒椒"泡辣椒：鹰潭特色产品，与传统的泡辣椒不一样，具有鲜、辣、甜、酸、脆等特点，开瓶就可以吃，主要作为宴会凉菜食品、调味品、配菜，也可以当作水果吃，也可以作为礼品送人。

龙虎山"张天师养生茶"：以中医调补养生理论为指导，以中老年保健为目标，由北京中医药大学医学博士根据最新抗衰老科研成果，融合道家养生经验，精迁名贵约材科学组方，加海拔1500米樟坪畬乡竹林间野生茶叶，精制而成。

4. 民俗节庆

祭灶：鹰潭龙虎山的"小年"是腊月二十三。这一天晚上，家家户户鞭炮齐鸣，并备有丰盛祭品为"人间司命王，天上耳目神"的灶王爷升天饯行。难得一见的是，全国各地大多数地方的祭灶都由男子操办，女子要避让，而龙虎山却是由家庭主妇主持，其余"吃闲饭"的人是不插手的。

据传，灶王爷叫张禅，原是个贫穷乞讨的单身汉，因娶了聪明贤惠但相貌一般的丁香为妻，男耕女织，勤俭度日，竟然富了起来。可哪想，张禅忘恩负义，嫌丁香年大貌丑，将丁香逐离，再娶海棠为妻。谁知天地不容，不久家中起火，财产烧光了，海棠烧死了，张禅眼睛烧瞎了，再度成为乞丐。此间，丁香已再婚，并凭双手积攒了一分家业。某年腊月二十三，张禅讨饭到丁香家里，从话音中听出了女主人就是自己被逐出的前妻，羞愧难当，便一头钻进火焰熊熊的灶里，一会儿便焚化成灰穿卤而走。玉皇大帝得知此事后，认为张禅尚有羞辱之心，能知错改错，切怜其魂魄飘荡没有依附，便封他为灶神。

龙虎山人送灶神之前，都要把厨房屋梁房柱、碗盆面架及其他各处的积尘进行彻底打扫，灶上灶下还不能摆任何东西，以让灶神轻轻松松。为更加讨好灶神，龙虎山人还安排贤惠的家庭主妇主持，至少摆上4种果品，诸如米糖、花生、芝麻片、桂圆之类祭灶神，其中米糖是必不可少的，意味着用甜的东西堵住灶王爷的嘴，使他不会言人过失。祭毕，燃上一挂鞭炮，欢欢喜喜送灶王爷上天。

道教文化节：道教文化节为龙虎山重要旅游节庆活动，每两年举办一次，集道教朝圣、旅游观光、经贸洽谈、民俗采风于一体，是国内唯一以道教文化为主题的盛大旅游节日。从10月18～20号结束，在这3天时间里，龙虎山会安排许多有地方特色的节目，固定的一些活动包括：龙虎山道教文化节开幕式（仙水岩、桃花洲）、龙虎山泸溪河竹筏漂流（泸溪河）、龙虎山上清古镇游（上清镇）、龙虎山道家养生保健游、龙虎山美食游（龙虎山庄）、龙虎山仙人城登山游、茶艺表演（仙人城）、龙虎山周易预测表演（仙人城兜率宫）、龙虎山仙水岩游园、剑舞、木兰扇表演、龙虎山婚俗表演、串堂锣鼓表演、民间竞技表演（桃花洲）、龙虎山悬棺吊装表演、龙虎山招商项目展示（仙水岩）、龙虎山道教文化科仪表演（天师府）、龙虎山物资交流大会（龙虎山镇）。

5. 美食餐饮

鹰潭餐饮以龙虎山上的风味最为有名，龙虎山作为历代张天师修道炼丹之所，饮食文化十分丰富，形成了独有的道教饮食文化，天师道菜也形成了系列，如天师八卦宴、上清豆腐、泸溪活鱼、天师板栗烧土鸡、黄袍拜君王、宫中土鸡、腌菜浆蒸蛋、香菇活肉、冬笋咸肉丝、清炖石鸡、龙虎苦菜、荠菜羹、菜、余江茄干、灯芯糕等。

天师八卦宴：天师八卦宴是历代天师为宴请宾客，举行重大活动设的大型宴席。宴席的最大特点是，既注意菜肴的品种，更注重菜盘的摆放，饮食文化非常独特，道教的寓意也很深刻。设席时，使用的是老式八仙桌，按八卦中的"乾、坤、震、巽、坎、离、艮、兑"八个方位，先上八个小菜或小吃，如捺菜、茄子干、柚子皮、霉豆腐、灯芯糕、寿星饼、南瓜子、冬瓜糖等，八位客人各人斟上"天师养生茶"。茶过三巡，撤下小菜，再上八大菜。先是上用"红枣糯米"等原料精制而成的太极八形容词饭，八宝饭放在桌子的正中，定下乾坤，然后，按阴阳生太极、太极生两仪、两仪生四象、四象生八卦的道教八卦规律，依次摆上特制的盘子盛装的八大。按道教方位规定，北为玄武、南为朱雀、左为青龙、右为白虎。所以，代表玄武的红烧龟肉放在上座的正中，代表朱雀的板栗烧鸡放在下位的正中，左右两侧正中分别是代表龙的清炖蛇和的红烧兔子肉。其他荤素菜肴便在空位摆下，正好围盛开个太极八卦图，可谓色、香、味、形俱全，文化韵味十足。

上清豆腐：现在上的是当地三大名菜之一——上清豆腐。这三大名菜是"上清豆腐、泸溪鱼、天师板栗烧土鸡"。制作豆腐在上清有着悠久的历史，至今镇上仍是作坊林立。这里的豆腐因水质好，加上传统的手工工艺十分地道，过滤精细，含水适度，具有白、嫩、香、滑的特点，无论是煎、炸、煮、炖、焖、凉拌，都清香鲜美，柔滑润喉，如果佐以黄鱼角、鲜猪肉、香菇、豆豉、香葱或辣椒，都是各有特色，风味十足。做成油豆腐、霉豆腐、豆腐干、豆腐皮等，也是十分受欢迎的菜肴和小吃。说起上清豆腐的由来还有一个故事。据说在上清镇建镇前的西晋永嘉年间，当地有一户农家，小两口勤俭持家且感情甚笃。丈夫早晨下地前，妻子常将黄豆腐磨成豆浆放些盐给丈夫充饥。有一次妻子要回娘家，就多磨了一些，将剩余的装入一个坛子里盖上以备丈夫第二天吃。可丈夫第二天下地时却忘了吃。妻子回家时，见坛了里的豆浆结成了块，硬要丈夫尝尝。丈夫为说："你这不是在逗我吗？"没办法只好用勺子舀出一块尝尝，觉得味道很好，接着一口气吃完了，赞叹道："太好吃了！"妻子打趣地说，"不是我逗你，你有这口福吗？"丈夫一高兴说："那就管这结冻的'豆浆'叫'逗夫'吧！"后来夫妻俩便天天做起了"逗夫"当菜吃。妻子把"逗夫"的做法传授给邻里，经过不断改进，便有了今天的上清豆腐。

泸溪活鱼：泸溪河发源于崇峻岭之中，一路穿山过峡，卵石河床，毫无污染，清澈见底，而清水中的鱼是特别鲜嫩，没有泥腥味，特别好吃，成为当地的名菜。

天师板栗烧土鸡：龙虎山出产的天师板栗，个大香甜，淀粉丰富，是历代天师特别喜爱的果品和滋补品，素有"人间仙果"之称。而这钵天师板栗与当地农家喂养的土鸡相配，在文火中慢慢地烧出来的"天师板栗烧土鸡"，油光发亮，清香思溢，是这里很有名的美味佳肴。这道菜的形成还有一个很有趣的故事。说是有一次天师在家宴请宾客，家厨用一般的烹调方式制作，当厨师配好料，将鸡块装入砂钵放炉灶上烧制时，天师的儿子乘厨师不注意，调皮地将正吃的去了壳的板栗放入砂钵内。烧熟后，整钵端上了桌，拿掉钵盖后，一股清香扑鼻，只见鸡块色泽淡黄，栗香酥烂，客人一品尝赞不绝口，天师也欣然得意。席后，命家厨进一步改进，使之成为安宴中必备的菜。

黄袍拜君王：用泸溪河中的黄鱼角烧上清豆腐，就叫"黄袍拜君王"。它的做法是先将黄鱼角用油略煎，加入米酒酿、生姜片、葱、整个红椒、盐等，倒入高汤，用旺火将鱼烧透，然后放入上清豆腐，微火炖十几分钟，撒上胡椒粉，大家尝尝，味道好极了。这道菜的菜名还有一个故事呢。据说乾隆皇帝微服私访来到上清镇，五十六代天师张遇隆发现紫微星南移，便知皇上驾到。天师先在家设好盛宴，再请这位"生客"来家一叙。席间，上了一道黄鱼角焖豆腐，乾隆觉得味道特别鲜美，便借问菜名，天师一语双关道："这叫黄袍御史拜君王。"乾隆心里暗暗吃惊："天师果真厉害！"口中却连声称赞味道好。这道菜也因此成为当地的名菜。"黄袍拜君王"好吃，关键是上清豆腐细嫩香滑、沁人心脾。

宫中地鸡：现在上来这道紫砂气体炖鸡，叫宫中土鸡。鸡的腹中还有斑鸠，斑鸠腹中又有麻雀。张天师平时饮食非常清淡，但入冬时常用"宫中土鸡"进补。它的做法是先将土鸡和斑鸠整体脱骨，在麻雀腹内放入高丽参，再将麻雀放入斑鸠复中后加入白莲、板栗、冰糖，然后放入鸡的腹中，填进桂圆、冰糖。在气钵内隔水炖烂，成为绝妙的滋补品。

腌菜浆蒸蛋：用2~3个土鸡蛋打烂，放农家腌菜的浆水，再放适量的盐、辣椒末，在木制的甑上蒸十几分钟。据说天师家吃"黄袍拜君王"时，也吃了这道菜，当天师报出菜名"六月热冻"后，皇上不得其解，又不便多问。回京后，乾隆点名要吃"六月热冻"，可难为了宫中御厨，十几个厨师也不知道"六月热冻"为何物。

香菇活肉：龙虎山的香菇产于深山老林之中，是天然的绿色食品，且品种繁多，营养丰富。这种个个如三硬币一般大小带花纹的"金钱菇"尤为名贵，香气浓郁，与猪肉同煮，特别爽口。

清炖石鸡：石鸡生长在深山的水坑或石洞内，不易捕获。其肉质细嫩肥厚，清炖味道很鲜，即便是炎热的夏天，石鸡汤都会结成冻状。这盘石鸡是加了丝瓜的，鲜味中还有淡淡的甜味，具有清凉解毒的食疗效果。

冬笋咸肉丝：龙虎山毛竹资源十分丰富，所以优质冬笋是龙虎山传统的食用土特产品，它个大、饱满、无虫眼，笋肉色白鲜嫩，与新鲜肉或咸肉、鸡蛋等做成菜肴，具有鲜、嫩、甜、爽的特点，成为天师家宴上的佳肴，位受青睐。

龙虎苦菜：这盘绿油油的菜，是素炒龙虎苦菜。苦菜是一种野生草本植物，无污染，未使用任何人工肥料，完全靠吸收大自然雨露而长成，食之爽口，并有清凉解毒等药用功效。龙虎苦菜据说是当年祖天师在龙虎山炼丹时，播撒在深山中的仙草，供信道者养生食用。现在它已成为当地老百姓餐桌上的物美价廉的菜肴。

荠菜羹：荠菜是龙虎山野生的一年或多年生草本植物，一般吃嫩叶，而全草入中药，具有利尿、解热、止血作用。荠菜羹也是一道美味佳肴。

捺菜：捺菜是用荠菜腌成的，腌制时，还要放入辣椒、蒜梗、山芋、黄豆、盐，有的还放少许糖或甘草。经过近一年的腌制，在春节前后开用，酸、辣、咸、甜，清脆爽口，生津开胃，回味无穷，是当地家家户户不可少的待客茶点。中国的口味习惯是南甜北咸、东辣西酸。而不善吃辣、酸的人，对这里的捺菜，也是爱不释手，吃了还想吃的。现在捺菜已开始工业化生产，工艺更为科学、严格，一年四季都能吃上，而且携带也很方便。

余江茄干：茄干是当地民间的风味特产，具有 500 多年的生产历史。现在由余江县现代化生产工艺出品的"余江茄干"，选料考究，风味传统，并含有氨基、核黄素等多种营养成分，生津开胃，百食不厌，而且，对晕车、晕船及孕妇呕吐有明显的抑制作用。品还获得 1997 年江西省新产品新成果金奖。

6. 旅游景点

（1）龙虎山风景区

龙虎山位于江西省鹰潭市贵溪境内，距鹰潭 20 公里，整个景区面积 200 多平方公里。是中国道教发祥地，国家重点风景名胜区。

源远流长的道教文化、独具特色的碧水丹山和千古未解的崖墓群构成了龙虎山风景旅游区自然景观和人文景观的"三绝"。

龙虎山的美妙在于山水。由红色沙砾岩构成的龙虎山有 99 峰、24 岩、108 处自然及人文景观，奇峰秀出，千姿百态。有的像雄狮回头，有的似文豪沉思，有的如巨象汲水……还有被当地人俗称为"十不得"的景致，更可让人想象到其景之妙。如"云景披不得"、"蘑菇采不得"、"玉梳梳不得"、"丹勺盛不得"、"仙女献花配不得"、"尼姑背和尚走不得"等。这些又逼真又"不得"的景观中，都隐含着各自奇妙的传说，听来活灵活现，回味无穷。龙虎山中的泸溪河发源于福建光泽县崇山峻岭之中，似一条逶迤的玉带，把龙虎山的奇峰、怪石、茂林串联在其两岸。河水碧绿见底，楚楚动人。

龙虎山的神奇在其崖墓群。乘船在泸溪河上，两岸的崖壁犹如一幅历史画卷展现眼前。一个个崖墓洞穴，形态各异，高低不一。有的单洞单葬，有的连洞群葬。淡黄色的古棺木和垫底封门之间的泥砖，清晰可见。据考证，这是春秋战国时期古越人的墓葬群，距今已有 2600 年的历史。考古工作者在崖墓中发掘到的几百件文物，如十三弦木琴、斜纹纺织机以及陶器、木器等都十分珍贵，堪称中国崖墓文化的发源地和崖墓文化博物馆。而墓内所葬何许身份之人，为何要冒险葬进山崖，如何放进悬崖峭壁之中，至今仍是一个谜。1989 年上海同济大学陆敬严教授经过长期研究，在龙虎山仙水岩采用春秋战国时期就有的绞车、滑轮、绳索等原始机械，进行了崖棺的吊装试验，一次成功，对于"如何安放"，便有了一个说法。现在每天在龙虎山仙水岩都有这样的表演，由当地以采药为生的同胞兄弟向游人展示下索、起吊、入穴的全过程，令人惊叹不已。

龙虎山是一座名山还在于她是中国道教的发源处。东汉中叶，第一代天师张道陵在原名为云锦山的山麓肇基炼九天神丹，研创道教。"丹成龙虎见"，山名遂改为"龙虎山"，道教由此登上中国历史舞台。至唐朝，道教为国教，宋元明时期，历代天师被敕封"一品"，龙虎山统领江南道教，成为中国道教的传播中心、"百神受职之所"。道教最兴盛时期，龙虎山建有 10 座道宫、81 处道观、36 座道院，其中以"上清宫"规模最大，宫内伏魔殿和镇妖井就是施耐庵生花妙笔下的"水泊梁山一百单八将"的出生地。现在龙虎山作为道教圣地，在海内外道教界备受推崇，来此朝圣、观光者络绎不绝。

随着龙虎山的旅游资源不断开发，具有鲜明地方特色的旅游产品越来越丰富，如泸溪览胜游、崖墓探奇游、道教朝圣游、仙城登山游、养生保健游、道家美食游等、生态观光游等，受到广泛欢迎。现在周边城市市民都纷纷选择龙虎山作为休闲度假、观光娱乐的去处，来沐浴大自然的灵光，接受历史文化的熏陶。他们乘着古朴的竹筏，在泸溪河顺流而下，欣赏二十里仙踪缥缈之画屏；登上泸溪河旁的仙人城，鸟瞰九十九峰龙腾虎跃之雄峻；走进上清古镇，领略千余年纯厚民俗风情。在仙人城，还可向老道人求知未来，与气功师共探养生要秘。晚上，入住群山环抱、绿树成荫的龙虎山庄，既有现代娱乐服务设施的享受，又有野趣横生的烧烤和篝火晚会，使旅行生活丰富多彩，轻松愉快。

近年来，龙虎山景区加大了开发力度，相继开发、丰富了许多新的旅游产品，她们分别是：难以忘怀的人间仙境——仙水岩。仙水岩是龙虎山六大景区之核心，碧水丹山的山水文化、华夏一绝的崖墓文化和久远纯朴的古越民俗文化浑然一体，使她成为国内独一无二的高品位景区。这里"一条涧水琉璃合，万叠云山紫翠堆"，山因水活，水因山媚。四季有佳景、四时不相同。春游，水青山黛、艳阳融融，岩峰若明若暗、水波或皱或舒；夏游，清溪流翡翠、山荫草木香；秋游，锦崖如屏、倒影斑斓、红树迎霜、落英缤纷；冬游，银蛇飞舞、澄江似练，万千鹭鸶绕岩盘旋，好像在与游人共迎新春。

绿色醉人的生态王国——天门山。天门山生态游览区位于上清古镇的东南5公里处，是龙虎山国家地质公园和国家森林公园的重要组成部分。这里峰峦连绵，瀑布叠飞，绿树婆娑，珍禽欢歌，环境幽静，天人合一。亚热带湿润季风气候造就了她茂密的森林和繁多的物种，其中许多是国家一二级和省级保护动植物。人类生活源于森林，返璞归真、回归自然，是现代人所向往并且是旅游的最高境界。天门山就是这样一个绿色醉人的生态王国。

纵观龙虎山的绝顶仙境——仙人城。仙人城素称仙岩，为一座巨峰，东邻泸溪河，远远望去，四面陡峭。山上到处洞穴中通，石窦如井，茂林修竹，云蒸霞蔚。此山之所以叫仙人城，是因为它自古就是"仙人"所居。魏晋时，第四代天师张盛就在此山之顶修建庙宇，即今日"兜率宫"，塑老子神像，以诵老子功德。宋熙宁年间，宝月禅师自浦城来此建寺，香火兴旺，2002年4月，在仙岩之巅发掘出的旷世文物——七层"灵函"，就刻有"宝月行源，心记净空"的字样，唐代大诗人顾况的《安仁港口望仙人城》，把仙人城描写的仙气缥纱，令人神往。现在，横跨绝壁的仙风桥和环山游步道已全面贯通，登临绝顶，龙虎山九十九峰龙腾虎跃之雄峻尽收眼底，恰似"千尺云崖上，仙城白莲开；徘徊凌绝顶，好景胜蓬莱"。

色彩斑斓的丹霞胜地——象鼻山。象鼻山位于泸溪河东侧，与清澈见底的河水并驾齐驱，形成龙虎山水陆联游的最佳线路。这里一座形象逼真、巨大无比的天然石象立于山中，硕大的象鼻似乎从天而降，又深深扎入大地之中，惟妙惟肖、灵性暗蕴，被世人称为"天下第一神象"。象鼻山游览区是龙虎山国家地质公园重要组成部分。区内峰崖崔嵬，红流奔腾，赤壁四立，绿树上覆，腾萝倒挂，瀑布斜飞，极具奇、险、秀、美、幽之景观特点和千姿百态的造型特征，是难得的一处丹霞地貌的景观集锦和科考、休闲之地。

举世无双的天下绝景——仙女岩。世界之大，无奇不有。龙虎山的自然景观仙女岩，却是华夏唯一、域外无双的奇中之奇！这一绝景，深藏于泸溪河畔的曲径幽处，坐南朝北，数十丈高，其形态逼真，自然和平，毫不扭怩作态，被称为"大地之母、万灵之源"。这一绝景集高贵与平易于一表，兼巧俏与敦厚于一身，踞万仞之上、俯亿兆生灵。山有绝景当为名山。龙虎山拥有此景而闻名，仙女岩又饱蘸着龙虎山文化更平添了浓浓仙气。

引人入胜的江南小村——无蚊村。许家无蚊村三环山、一面临水；出入靠船筏，耕作在彼岸。就是这样一个平凡的江南小村，却隐藏着一个千古不解的神话——四季无蚊。唐末时，许家村老祖相一公打猎至此，早上挂在树上的竹筒饭，到中午时仍然温热如初，认为此地有神灵之气，是居家的风水宝地，于是举家迁居，至今衍嗣40余代。村内民俗馆陈列的生产、生活用具，展示着百姓劳动的艰辛和生活的情趣；传统的婚俗表演，浓缩表现出平常百姓最真实和最快乐的人生追求。到村内一游，已成为广大游人"龙虎山之旅"的必选项目。

古风古貌的千年老镇——上清古镇。上清镇是一个道教文化非常浓郁的古镇。镇名的来历就出自道教。所谓"上清"就是道教最高尊神"三清"中"灵宝天尊"所居住的禹余天之上清仙境。唐武德八年开始设镇，距今已有1300多年历史。古镇群山怀抱，依水而建，环境优美，文化丰厚，名人荟萃，古风犹存。唐代高僧马祖道一曾建应天庙，发展了佛学禅宗一派；南宋儒理学家陆象山曾建象山书院，成为南宋四大书院之一；明朝宰相夏言的故里就在隔河相望的桂洲村；而几十代天师及其子孙更是在这里繁衍生息，掌管天下道教事务。镇内的长庆坊、留候家庙、天师府、上清宫、东岳宫、天源德药栈、天主教堂等名胜古迹仍历历在目。尤其是整条古街的民居、店铺、临河的吊脚楼、古码埠依然保持着明清建筑的遗风，并散发着浓浓的历史文化气息，记录着历史的繁荣与昌盛。游人在古镇吊脚楼内用膳品茶，凭水临风，便可真正领悟到孟浩然"开轩面场圃，把酒话桑麻"的陶然意境。

五斗米道的发祥之地——正一观。鲁迅先生说得好：中国的根底全在道教。而中国道教的发祥地就在龙虎山麓的正一观原址。东汉中叶，第一代天师张道陵率弟子入云锦山肇基炼九天神丹，"丹成而龙虎见"，云锦山便由此而改名为"龙虎山"。第四代天师张盛回龙虎山，为祭祀祖天师而兴建起"祖天师庙"，每逢三元节，登坛传录，各地学道者纷至沓来，形成了"昼夜长明羽人国"的繁华景象。桑海沧田，"天师庙"也几经修葺，名称也多次更改，明嘉靖时改为"正一观"至今。现在的"正一观"，是在原址按宋代建筑风格重建，并吸收了明、清时的一些合理建制和艺术特点，整个建筑灰瓦白墙，古朴典雅，气势雄伟，仙骨傲然。

华夏唯一的仙家府地——天师府。天师府是历代天师生活起居和祀神的处所，占地5万余平方米，建筑面积1.4万平方米，是一座王府式的道教古建筑群，坐落于上清古镇中部，北靠西华山，南对琵琶峰，门临泸溪河，依山带水，气势恢宏。府内豫樟蔽日，鸟栖树顶，环境清幽，恰似仙境。作为道教领袖的私邸园林，在中国绝无仅有。

中国道教的神仙都会——上清宫。上清宫是历代天师阐教演法、授录传度和历代高道修身养性之所，素有"道教总会"、"神仙所都"、"百神受职之所"的美誉，坐落于上清镇东首九龙聚会的风水宝地之中，溪山环供、仙灵都会。中国四大名著《水浒》中的108将就诞生于此，且由此演绎的故事，脍炙人口，妇孺皆知。现在的上清宫，突出"俊逸、柔美、醇和"的特点，巍峨壮观，庄严肃穆。福地门、下马亭、灵星门、钟鼓楼、东隐院、伏魔殿、镇妖井重见天日，再现了当年香烟缭绕、道乐悠扬的都会景象。现在，她正与正一观、兜率宫、天师府、东岳宫、留侯家庙形成众星拱月之势，使龙虎山"道教朝圣游"的内涵愈益丰厚。

（2）马祖岩景区

马祖岩景区位于天龙虎山仙水岩西北3公里处，因山顶石状如马，初名为立马岩，后因唐代高僧马祖道一禅师在此传授禅经，遂名为马祖岩。

马祖（709～788），汉州（今四川）什邡县人，姓马，俗称马祖，唐开元年间著名高僧，为中国佛学六祖慧能再传弟子，幼年出家，师事怀让禅师，曾居此山岩洞中修定参禅多年，传授北子禅法，主张"自心是佛"、"凡所见色"、"即是见心"的道理，从学者甚众，后形成派系，称"洪州宗"。他和弟子白丈怀海禅师经过长期不息的修持，建立起中国式的禅门丛林制度，改变隋唐以前佛教徒不事生产、乞修的生活方式，以集体生产、集体从事农耕、同修互助的团体生活方式，开创禅宗寺院的规模。他们还改革禅宗教传机峰转语，将禅学与中国文化融合，使佛学平实化，并建立南传禅宗曹溪顿教的风格，由此，马祖道一在中国禅宗史上享有盛名，马祖岩亦成为要不得名遐迩的重要佛教文化景观。

宋代，马祖岩就已成为赣州著名的游览胜地了。特别是在每年九月九日的重阳节，来马祖岩登高的人络绎不绝。苏轼、文天祥等人都云游过此处并赋有诗赞。明万历初，僧人悟学与其徒本慧在佛日峰建马祖岩寺，香火始盛大，延续数百年。

岩洞形成的原因是由于溶蚀风化的作用，厚层状沙砾岩夹多层钙泥质细砂岩、粉砂岩，被地下水溶蚀风化并渐渐被水流冲走，形成这顺层大辩论巨大扁平洞穴，而有些崩塌下来的大石块仍在洞内，所以这属于丹霞地貌景观类型中的溶蚀风化崩塌型。

马祖岩像披着一层神秘的面纱，显出神奇、瑰丽之美。明代旅行家徐霞客盛赞马祖岩"清净幽渺"。此处山环十里，四面壁立，内多岩洞，其形各异，两山对峙，呈环形，俯视数十丈，卯观似接云天，飞瀑流泉，经年不涸。进入山中，有一巨石竖立其间，名曰"把门石"，形态既庄又谐，远观近视，左瞧右看，各有不同感觉，零点可谓神奇。宋末民族英雄文天祥，途经马祖岩时，赋下一首七绝："曾将飞锡破苔痕，一片云根锁洞门。山上人家山下路，石头心事付无言。"将山河破碎、身苊浮沉的满腔悲愤化为默默无言。绕过"把门石"，忽现一湖，它三面皆岩，中耀圆湖，明清如镜，人称月池。沿湖岸蹬石级往东前进，突然岩出山腰，中空外悬，飞瀑自山顶飘下，如檐雨淙淙。再往前走数十米，便是一岩洞，曾建有"大雄宝殿"，据传这是印度佛教传入中国较早的寺院，可惜已颓废，难寻昔日香烟袅袅、云雾缭绕的盛迹。再往上还有滴漏岩、啸月台、棋盘石、瀑布泉、仙桥、龙井、虎石、七星墩、芭蕉洞、挂榜石、印石、推车石、观音岩、莲花石等景点，景景相连，目不暇接，每个景点都有人文故事，似一段段禅宗公案，令人流连忘返。

马祖岩最引人入景观有两处，一是"一线天"。另一处景观是岱宗讲堂，马祖道一禅师即在此讲授禅经，当时全国众多名山寺院的方丈云集此地，学成归去担纲主持，据说和渡日本前，也曾于此聆听经法。

（十一）新余市

1. 概述

新余市地处江西中部，是江西省直辖市，辖 1 区 1 县：渝水区，分宜县。面积 3178 平方公里，人口 100 万，主要民族有汉族、畲族、苗族、蒙古族等。

新余市全境东西最长处 101.9 公里，南北最宽处 65 公里，东距省会南昌市 150 公里，东临樟树市、新干县，西接宜春市袁州区，南连吉安市青原区、安福县、峡江县，北毗上高县、高安市。属亚热带湿润性气候，具有四季分明、气候温和、日照充足、雨量充沛、无霜期长、严冬较短的特征。

新余历史悠久，人文底蕴丰厚。1700 多年前的三国吴宝鼎二年（公元 267 年）建县。新余人才辈出，江西第一个状元卢肇，北宋江南第一个宰相王钦若，明朝权臣严嵩，著名国画大师傅抱石，医学巨子何大一都是新余人。明代宋应星的世界科学巨著《天工开物》在新余完成。毛泽东同志在新余主持召开了著名的"罗坊会议"和闻名于世的"兴国调查会"。

新余以工业发展迅速和城市建设日新月异而受到人们的瞩目，是江西省工业化水平最高、城市化速率最快的城市。建成了以冶金、机械、化工、轻工、纺织、能源、建材为主，门类较齐全的工业体系。新余的城市建设被誉为"深圳速度"。近十年新增城区面积15平方公里，其规模、速度、效益在全国中小城市中罕见。城市绿化覆盖率达30.8%，人均公共绿地面积7.8平方米，居全省之首。新余基础设施独具优势。目前电力装机容量70万千瓦，程控电话可直拨世界各地，浙赣铁路横穿全境，京九铁路毗邻，公路已成网络，并与105、320国道相接，距南昌机场仅120公里。新余矿藏资源有30几种，其中铁矿和硅灰石、大理石的储量占有一定的地位。硅灰石的储量列中国第二，品位极高。

新余是一座环境优美、平安和谐、人居条件一流的城市。新余人均公共绿地面积和绿地率列全省第一，获全国绿化先进单位称号，是江西省园林城市，正在争创国家园林城市。新余社会稳定，社会治安良好，连续12年被评为全国社会治安综合治理先进城市，2005年获全国社会治安综合治理"长安杯"。2006年成功承办十二届省运会，被称为历届省运会中最成功、最精彩、最经典、最和谐的盛会。新余各项社会事业发展迅猛。基础教育的各项主要指标在全省领先，民办教育和职业教育享誉全国，是全国卫生城市、全国乒乓球重点城市、全国双拥模范城市。新余正朝着建设区域中心城市，在全省率先全面实现小康目标奋进，一个充满活力和希望的崭新新余正在加速崛起。

2. 历史沿革

新余市历史悠久。在市区东北部拾年山原始社会遗址出土的大量石器、陶器表明，远在5000年前的新石器时代，先人就在这里繁衍生息。

秦属九江郡。汉为豫章郡宜春县境。三国吴宝鼎二年（267年）析宜春县置新渝县，属安成郡。因主川袁河中游原称渝水得名。

隋开皇九年（589年）省入吴平县。大业三年（607年）属宜春郡。唐武德五年（622年）撤县，分新渝东北部置始平县，县西南地域为西吴州。武德七年始平、西吴州俱废，复置新渝县。天宝元年（742年）县名因传写之误将渝改为喻，以后承做喻。属宜春郡；乾元元年（758年）属袁州。宋淳化三年（992年）属临江军。元元贞元年（1295年）升为新喻州，属临江路。明洪武二年（1369）改州复县，隶属临江府。清沿明制。

1912年直属省。1914年属庐陵道。1926年复隶省。1932年属江西省第八行政区。1935年属江西省第二行政区。第二次国内革命战争时期（1930~1934年），在中国共产党领导下，先后建立大片革命根据地。1930年5月在良山镇的上木元村成立新喻县苏维埃政府，下辖东区、西区、南区。1932年3月，新喻、峡江两县苏维埃政区合并，成立新峡县。1934年10月，红军长征，苏区全部丧失。

1949年7月14日，新喻解放，属袁州专区（专员公署驻宜春）。1953年，新喻县属南昌专区（袁州、南昌两专区合并，称南昌专区，专员公署驻南昌）。1957年5月，国务院公布，将新喻改名新余，沿用至今。1958年，新余县属宜春专区（专署驻地由南昌迁宜春，改名宜春专区）。1960年9月，为适应钢铁工业发展，经国务院批准撤销新余县设立新余市，由省直辖。1963年，由于新余钢铁工业建设规模压缩，撤销新余市，恢复新余县，仍属宜春专区（后改称宜春地区）。

1983年7月经国务院批准恢复新余市，并将宜春地区的分宜县划归新余市管辖。1983年10月，江西省人民政府批准在原新余县管辖的范围内设置渝水区。2000年3月，市委、市政府决定设立中共新余市仙女湖风景名胜区委员会和新余市仙女湖风景名胜区管理委员会，赋予其县级党政管理职能。2001 年 11 月，中共新余市高新技术经济开发区工作委员会和新余市高新技术经济开发区管理委员会成立，分别为市委、市政府的派出机构，正县级建制。

3. 特色特产

新余蜜橘：新余市蜜橘味甜肉嫩、化渣，固形物含量 16.1BX、糖 12.31%、酸 0.73%，维生素 32.88 毫克/100 毫升；果实整齐度高，具有抗寒、抗痨、耐旱、适应性强、能抵御 -86℃ 低温而不被冻死等特点。

观巢巨峰葡萄：观巢种植葡萄已有数百年的历史。历朝历代，观巢的绅士商贾、文人雅客，以致农人工匠，均有在自家的房前屋后，广植葡萄，作为美化、绿化环境的爱好。近十几年来，已发展成大规模的商品生产。

水北豆腐：产地水北镇，人工制作，爽滑润口。大豆做成，纯绿色产品，享有盛名。

仙龙火腿：采用民间千年传统配方，纯天然熏烤精制而成，真空包装，形状美观、色泽红润、芳香馥郁、风味独特，切下洗净，蒸煮均可，并含有多种氨基酸、维生素、微量元素，营养丰富，具有补肾壮阳、开胃健脾、产妇补身、老年益寿、儿童益智、增强食欲等功效，是上等的美味佳肴。

马洪皮蛋：无铅配方生产的"洪鸭"牌松花皮蛋，不仅含有适量铁、铜、锌等人体必要的微量元素，还含有十多种氨基酸，既保持了鲜蛋的营养价值，又有利于人体消化吸收。

马洪酒：以"马洪"牌老酒为龙头的"马洪老酒"、"老酒王"、"低度饮料酒"、"九月九"等具有浓郁地方特色的系列产品已远销到福建、广东等地，尤其在本地酒类项目中有很高的声誉，深受广大消费者喜爱。

新余天地人五蛇酒：天地人五蛇酒系选用江西优质活鲜蕲蛇、

银环蛇、眼镜蛇、乌梢蛇、黄梢蛇为主要原因原料，以优质纯粮白酒为酒基，辅以白芷、茯苓、甘草、红花、木瓜、枸杞、何首乌、白茅根等 20 余种名贵中药材，采用传统浸泡和现代渗漉相结合的方法精制而成。口感纯正、酒味醇和，是集治疗、滋补和预防为一体的新型保健品。经常饮用可以平衡人体机能，调节人体内部生态环境，提高机体免疫能力，改善功能活力，营养肌肤，达到防病、治病与强身的目的。

仙女湖纯正茶油：选用优质山茶仁为原料，经过科学提炼精制而成，无混杂、无污染、其真性温凉，老少皆宜，常年食用，是难得的天然绿色食品，具有生血降脂、抗御顽疾、滋润肌肤、保持青春之功效。

仙女湖名茶：先用仙女湖一带优质嫩芽为原料，采用传统工艺揉制而成，具有条索纤细、卷曲成螺、白毫显露、香气浓郁、滋味鲜醇甘厚、汤色碧绿、清澈等特点，历来被饮者视为茶中佳品。

新余夏布：主要产地在分宜县，由苎麻韧皮纤维经过刮麻、沤麻、绩纱、织布四道纯手工工序制成。纯手工制作，吸水性好，透气性强，穿着舒适凉爽，越穿越柔软、舒适，是我国的民间传统纺织品。而分宜县的夏布产量之大，品质之优，也使分宜县得名"夏布之乡"。

4. 民俗节庆

仙女湖情人节：仙女湖是"七仙女"下凡之地，是 1600 年干宝《搜神记》所载"毛衣女传说"的浪漫爱情故事诞生地，在七夕情人节到来之际，仙女湖隆重推出第二届"仙女湖情人节"，旨在弘扬中华民族传统文化，进一步挖掘仙女湖情爱文化内涵，做大做强仙女湖"七仙女下凡之地"、"情爱圣地"品牌。

8 月 22 日至 28 日（农历七月七日至十三日），新余市仙女湖风景区将举办首届仙女湖情人节，省内的有情人均可报名参加。活动

内容为举行仙女湖"情山爱水"水上集体婚礼盛典；情人节系列娱乐活动项目，如："永结同心"游泳赛、黎族情人舞、傣族情人泼水节等；仙女湖情人节"狂欢之夜"大型文艺晚会。

5. 美食餐饮

清炖武山鸡：武山鸡，又名乌骨鸡，是江西著名特产。《本草纲目》载："乌骨鸡，有白毛乌骨鸡者、班毛乌骨者，有骨肉俱乌者，肉白骨乌者；但观鸡舌黑者，则肉骨俱乌，入药更良。"主治补虚劳羸弱。据传，清代江西官员涂文轩进京，常带武山鸡进贡，皇帝品尝后亦大加赞赏，乾隆皇帝时被列为"贡鸡"。1915年巴拿马国际博览会上也受到好评。如今，仍然是全国名鸡，清炖武山鸡也是全国名菜之一。

文山里脊丁：相传，此菜最早是对烹调素有研究的南宋丞相文天祥的创制。他喜欢食用嫩猪肉，在赣州任知府时，自己下厨制作了"炒里脊肉丁"一菜。后来人们为纪念他，取用他的号"文山"称此菜为"文山里脊丁"。沿传至今。

小乔炖白鸭：小乔炖白鸭，据传，始于三国时期。东吴都督周瑜率军驻扎柴桑，其妻小乔曾用冬虫夏草、泽兰，同白鸭炖制滋补菜肴，供周瑜食用。当时称为"柴桑鸭"。后来又称小乔炖白鸭，成为九江的传统名菜。

新余有很多特色小吃，如麻辣鸭头、水北豆腐、新纺土鸡、马翁老酒、仙女湖鲜鱼等等，都让人赞不绝口。其中最让人垂涎三尺的就是麻辣鸭头。名字叫麻辣鸭头，有鸭头，也有鸭翅，还有鸭爪，吃起来麻麻的，酥酥的，鸭肉鲜美，酥香。

上岛咖啡新余店是全国连锁加盟店，经营面积1000余平方米，设17个豪华包厢，装修典雅、浪漫。经营品种：现磨进口原豆咖啡、意式咖啡、花果茶、西餐、牛商务套餐。

6. 旅游景点

（1）仙女湖风景名胜区

仙女湖位于江西省新余市西南 16 公里处，为国务院待批的国家重点风景名胜区，是江西省水上游泳资源丰富，开发较成功的湖泊型风景名胜区。

仙女湖位于"三清山—龙虎山—南昌—仙女湖—萍乡和庐山—鄱阳湖—南昌—仙女湖—井冈山—赣州"两条旅游线路的交汇点，区位条件十分优越，京九铁路、赣粤、沪瑞高速公路环绕四周，浙赣铁路、清宜公路穿境而过，并开通了南昌至新余的"仙女湖号"专列，交通十分便利。

景区总面积 298 平方公里，其中水域面积 50 平方公里，湖中 99 座岛屿星罗棋布，湖汊港湾扑朔迷离，动植物种类繁多，森林覆盖率达 95%，共有 220 种，765 属，3000 多种，占全国总科 62.3%，有各种鸟兽类 76 种，拥有亚洲最大的亚热带树种基因库。

仙女湖四季分明，气候十分宜人，全年平均气温 17℃，日照 1677.4 小时，降雨量 1532 毫米，无霜期 265 天，相对湿度 70%，具有丰富的自然、人文景观资源和历史文化内涵。景区大大小小小岛屿近百个，其中龙王岛海拔 190.5 米，面积 700 亩，在此可将关个仙女湖一览无余，已被仙女湖风景名胜区管委会列为核心景点；若虹群鸟、六合群岛面积达 1000 亩以上，且地势平坦；肖公庙半岛位于仙女湖中东部，这里群山拱卫，绿水环抱，环境幽雅，空气清新，面积约为 1600 亩，是度假、娱乐绝佳之地。

仙女湖自 1992 年开发以来，至今共投资 1 亿多元，开发建设了白鹭山庄、龙王庙、洪阳洞、花园山庄、傣家度假村等数十个旅游景点，每年都吸引了大量游客来观光、旅游、休闲。

（2）江口风景区

江口风景区位于袁河上游，是 1958 年修建的一个水库，湖中岛屿众多，有"江西千岛湖"之称，景区面积达 175 平方公里，四面有青山环抱秀水泱泱。

风景区共有三个部分，下游三万亩库湾，港汊蜿蜒曲折，岛屿星罗棋布；中游有 3 公里长的高山峡谷，故有"小三峡"之称。上游水面达 3 万多亩，烟波浩渺，一望无际，渔帆点点，远处山峰或隐或现，真是一派湖光山色美景。

人到此，如同置身于山水画面之中，真有"舟在水上行，人在画中游"的感觉。南岸巍巍钟山、葱葱铃岗山，如翡翠屏风横空，北岸袁岭七峰状如游龙，从高耸入云的仰山俯冲而来，气势磅礴，锐不可当。